하느님 우야꼬예?

❷

조스 신부의

하느님 우야꼬예? 2

교회인가 2021년 7월 16일(천주교대구대교구)
초판 1쇄 발행 2021년 11월 30일

지은이 조현권

펴낸이 김문상

책임편집 나윤희
일러스트 김근영
디자인 홍익포럼
인쇄 분도인쇄소

펴낸곳 (주)가톨릭신문사 | 등록 제1999-000017호
주소 41933, 대구 중구 서성로 20(계산동2가 71)
전화 053)255-4285 | 팩스 053)251-0788

ISBN 978-89-91381-70-4 04230
978-89-91381-68-1 04230(세트)

책값은 뒷표지에 있습니다.

하느님 우야꼬예? ②

기쁜 신앙 생활을 위한 조스 신부의 단상과 소고

조현권 지음

가톨릭신문사

구원의 길에서 신앙의 기쁨을 찾는 모든 님들께

이 책을 바칩니다.

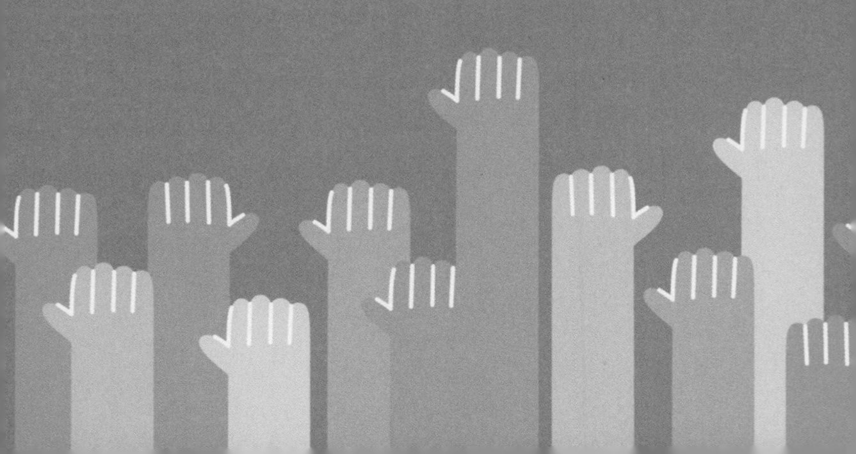

프롤로그

교리 공부를 와 해야 하는데예?

주일학교나 예비자 교리반에 다니며 교리공부를 한 적은 있어도 그 이후 특별히 더 공부할 기회를 가지지 않은 분들이 많으실 겁니다. 하지만 신앙교리에 대한 지속적인 관심과 공부는 신앙인 누구에게나 꼭 필요합니다. 왜냐구요? 하느님께 대한 신앙과 지식은 서로 상호관계를 가지기 때문입니다. 즉 하느님께 대한 지식이 깊을수록 그분을 향한 신앙도 더 깊어지고, 하느님을 향한 신앙이 깊을수록 그분께 대한 지식도 더 깊어지기 때문이지요. 그러니 교회의 교리를 공부한다는 것은 단순히 지식적인 축적에서 끝나지 않고 우리의 신앙을 심화시킬 수 있는 좋은 방법입니다. 신앙 체험도 물론 중요합니다. 하지만 그 체험 못지않게 하느님을 지식적인 면에서 알아가는 인식도 중요합니다. 알면 알수록 그만큼 더 많이 보인다는 말처럼, 하느님을 알면 알수록 그분께 대한 신앙도 당연히 더 깊어질 것입니다.

'교리'教理라는 말은 라틴어로 '카테키스무스'Catechismus라고 하는데, 그 어원을 보면 '메아리치다'라는 뜻을 갖고 있습니다. 그렇다면 교리란 '나자렛 예수님께서 이 세상에 전해 주신 소식', 곧 '복음을 메아리치게 하는 일'이라 하겠습니다. 예수님께서 우리에게 전해 주신 구원의 소식을 세상에 이렇게 메아리치게 하는 것, 곧 사람들이 들을 수 있도록 외치는 것, 그것이 교리입니다.

이 책에 실린 단상斷想과 소고小考들은 2015년부터 2019년까지 월간 「레지오 마리애」 잡지에 실렸던 '사도신경에 나타난 교회의 가르침'과 〈공부합시다, 신앙교리!〉라는 제목의 글들을 기반으로 다른 글을 더 첨가하여 정리한 것입니다.

이러한 글이 나오도록 배려해 주신 조환길 타대오 대주교님과 천주교 대구대교구, 한국 세나뚜스와 기꺼이 졸필을 읽어 주신 레지오 마리애 단원들, 출판을 허락해 주신 가톨릭신문사 김문상 디오니시오 사장신부님과 예쁜 책으로 잘 엮어 주신 홍익포럼 나윤희 그라시아 대표님께 감사드립니다.

지난 사제직 30년을 허락하신 주님께 제 자신을 새로이 봉헌하는 마음으로, 또한 부족한 저를 지금까지 사랑과 기도로 함께 해주시고 대해 주신 모든 분들께 감사드리는 마음으로 이 책을 바칩니다. 아울러 독일에서의 학업과 사목의 시간에 도움을 주신 모든 분들께도 저의 고마움을 이 책에 담아 전합니다. 부디 이 책이 복음의 메아리로 울려 퍼져 보다 많은 님들이 교리를 잘 이해하고 기쁜 신앙 생활을 해 나가시기를 소망합니다.

2021년 모든 성인 대축일에

대구 성모당에서

조현권 스테파노 신부

차례

하느님 우야꼬예? ❷

하느님 우야꼬예?❶

첫째 글/ 하느님을 만날라카머 우째야 되예?

1. 하느님을 닮아 창조된 인간 2. 하느님을 찾아야 행복한 인간 3. 신앙은 어떻게 생겨나고 자라나는가? 4. 나의 주인이신 주님께 대한 신앙 5. 신앙의 순종 6. 신앙을 위한 성경의 역할 7. 하느님께 대한 믿음과 인간의 이성 8. 하느님 신앙의 결과

둘째 글/ 10원에서 1원을 내놓으라꼬예?

1. 구원 – 사랑의 하느님과의 만남 2. 원죄에 관한 교리 3. 변화를 위한 회개, 구원으로 이끌어 가는 삶 4. 하느님 나라를 위한 전제 조건 5. 성경에서 드러나는 회개 6. 사랑의 하느님을 믿고 따르는 삶

셋째 글/ 그리스도님은 말라꼬 살고 죽으신 건데예?

1. 그리스도 생애의 신비 2. 수난과 죽임을 당하신 예수님 3. 그리스도님의 수난을 묵상하며 4. 예수님의 부활과 승천

넷째 글/ 하느님을 만나게 하는 성사가 뭐라예?

1. 성사란 무엇인가? 2. 성사의 역사적 생성과 발전 과정 3. 입문 성사에 대한 해설 4. 영원한 생명의 성체 성사 5. 생명을 베푸시는 성령과 성체 성사 6. 성체 성사로 우리에게 오시는 구원의 하느님 7. 일치를 위한 생명의 잔치인 미사 8. 하느님과의 화해의 성사 9. 치유의 성사 10. 친교에 봉사하는 성사

신앙의 길에서 마주하는

8개의 **질문**과 **답**

질문1 **하느님을 만날라카머**만나려면 **우째야**어떻게 해야 **되예**되나요?

조스 신부 하느님을 아는 것은 실천이 요구됩니다. 하느님을 제대로 알려면 먼저 사랑의 실천이 따라야 합니다. **그리스도인은 하느님을 아는 만큼 그 분께서 원하시는 사랑을 실천하는 사람입니다.** 사랑하지 않는 사람은 하느님을 결코 제대로 아는 신앙인이 아닙니다!

질문2 **10원에서 1원을 내놓으라꼬예**내놓으라고요?

조스 신부 우리가 바라는 구원은 하느님의 은총으로 이루어집니다. 하지만 **하느님의 은총에 대해 인간의 응답이 따라야 완전한 구원이 이루어집니다.**

질문3 **그리스도님은 말라꼬**뭐할려고 **살고 죽으신 건데예**건가요?

조스 신부 우리 인간은 자신의 자연적 능력만으로는 하느님의 생명과 지복에 다다를 수가 없습니다.

우리의 구원을 위하여 사람이 되어 오시고 사셨으며 돌아가셨으나 부활하시어 승천하신 그리스도께서는 하늘에서 당신의 사제직을 영원히 수행하고 계시므로, **당신을 통하여 하느님께 나아가는 사람들을 언제나 구원하실 수 있는 분**이십니다.

질문4 **하느님을 만나게 하는 성사가 뭐라예**뭔가요**?**

조스 신부 성사는 **'하느님의 은총을 인간들에게 전달'** 하는 **'하느님 은총의 효과적인 표징'** 으로 '합당한 마음가짐으로 성사를 받아들이는 사람' 들에게서 결실을 맺게 됩니다.

질문5 **성체는 우째**어떻게 **공경해 왔는데예**왔는가요**?**

조스 신부 파란만장한 **교회의 역사 속에서 성체성사의 거행과 그에 대한 이해와 공경은 많은 변천을 겪어**왔습니다. 그러면서 그 속에 긍정적인 면과 부정적인 면이 함께 있어왔습니다.

질문6 **<사도신경>에서는 뭐라꼬**뭐라고 **카는데예**하는가요**?**

조스 신부 그리스도인들이 고백하는 신앙을 요약한 것이 '신경' 이며, 그중에 대표적인 것이 〈사도신경〉입니다. 신경은 이단으로부터 그리

스도교를 보호하려는 노력에서 나온 것으로서 **신앙의 참된 내용을 요약하여 담아낸 교회의 보물**과 같습니다.

질문7 **전대사 받고 바로 죽으면 천국 가예**가나요**?**

조스 신부 "교회는 (대사로써) **그 신자를 도울 뿐 아니라 신심 행위와 참회와 자선을 행하도록 그를 격려**하기도 한다"는 『가톨릭교회교리서』(1478항)의 가르침에 귀 기울여야겠습니다.

질문8 **신앙 생활을 우예**어떻게 **하면 되는데예**되는가요**?**

조스 신부 사랑의 하느님은 친교의 하느님이시고, 친교의 하느님은 우리를 당신과의 사랑에로, 곧 친교에로 부르고 계십니다. 친교의 관계 속에 살고 있는 우리는, 서로 사랑하는 가운데 하느님께 사랑의 응답을 드릴 수 있습니다. 이러한 **응답이 가장 효과적으로 이루어지는 곳이 교회**입니다.

다섯째 글

성체는 우째 공경해 왔는데예?

하느님 우야꼬예?

/1

초대교회에서의 성체 공경

교회의 역사 속에서 성체에 대한 공경은 시대의 흐름과 변화에 따라 조금씩 그 양상을 달리해 왔습니다. 사실 예수 그리스도께서 친히 제정하시고 당신의 교회에 그 거행을 명하신 성체 성사는 처음부터 지금의 모습을 지니고 있지 않았습니다. 시대에 따라, 교회의 처지에 따라, 신학과 전례의 발전에 따라, 또는 사목상의 이유로 성체 성사의 거행과 그에 대한 이해는 계속 변화되어 온 것이지요. 이러한 의미에서 성체 성사는 지금도 발전 과정에 있다고 할 수 있습니다. 이러한 성체 성사에 대한 신심을 비롯한 성체에 대한 공경이 역사적으로 어떻게 변천되어 왔는지 특히 미사 성제와 영성체 참여에 대한 이해는 어떠하였는지를 알아봅니다.

공동체를 위한 사랑의 만찬

성체 성사는 1세기부터 (앞에서 언급한 대로) '에우카리스티아' Eucharistia, 곧 '감사의 예禮' '감사의 말' 혹은 '감사의 기도' 라는 말로 불리었는데, 이 용어는 '감사의 기도' 를 노래하면서 행하는 성찬례의 특징을 잘 나타내는 말입니다. 그러면서 이 용어는 빵과 포도주가 '기도' 에 의하여 예수 그리스도의 몸과 피로 축성된다는 성체 성사의 신약 성경적 기원을 잘 나타내는 표현이기도 합니다.

> 주 예수님께서는 잡히시던 날 밤에 빵을 들고 감사를 드리신 다음, 그것을 떼어 주시며 말씀하셨습니다. "이는 너희를 위한 내 몸이다. 너희는 나를 기억하여 이를 행하여라." 또 만찬을 드신 뒤에 같은 모양으로 잔을 들어 말씀하셨습니다. "이 잔은 내 피로 맺는 새 계약이다. 너희는 이 잔을 마실 때마다 나를 기억하여 이를 행하여라." 사실 주님께서 오실 때까지, 여러분은 이 빵을 먹고 이 잔을 마실 적마다 주님의 죽음을 전하는 것입니다.(1코린 11,23-26)

초대교회 신자들은 성령 강림 이후 먼저 (유대교) 성전에 모여 하느님의 말씀을 듣고, 이어서 (그리스도교) 신자의 집에 모여 빵과 포도주를 가지고 감사의 의식, 곧 주님의 만찬을 지냈습니다. 이 만찬은 주님께서 부활하신 주일에 거행되었는데, 이는 공동체가 나누는 '사랑의 만찬'으로 다 함께 나누는 '식사'였고 '잔치'였습니다. 일반적으로 (함께 음식을 나누는) '배불림의 식사'와 연결되어 있었던 것이 이때의 성찬례였는데, 이 배불림의 식사는 만연하는 남용 때문에, 또 공동체 식구가 점점 불어남에 따라 자연스럽게 사라져갔습니다.(1코린 11,17-34 참조)

이렇게 차츰 일반 식사에서 분리되어 거행된 감사의 의식, 곧 성찬례는 유대교인들의 박해가 시작되면서 그리스도교 고유의 '성체 성사', 곧 '미사'로 발전하게 됩니다. 이로써 초기 그리스도교 공동체는 유대교와는 다른 모습의 교회가 되어 간 것입니다. 이때 신자들은 축성된 빵을 예식에 참가하지 못한 신자와 가난한 사람, 병자, 감옥에 갇혀 있는 사람에게까지 나누어 주었습니다. 성체 성사가 박해 시대의 신자들 삶에 큰 힘이 된 것이지요.

성체에 대한 경외심의 태동

사도 이후의 초기 교회 그리스도교 신자들의 신심을 한마디로 표현하자면 '그리스도 중심의 신심' 이라고 할 수 있습니다. 그리스도의 뜻과 계명이 신자들의 삶과 윤리, 도덕의 기준이 되었고, 그분께서 남겨 주신 성체 성사는 현세의 모든 음식을 초월하여 영원한 생명을 주는 양식이 되었던 것입니다. 성체 성사에 관해서 전해 주고 있는 초기 사료가 많지는 않지만, 사도시대 직후에 저술된 『12사도의 가르침』디다케에 따르면 신도들은 성체 성사를 거행하기 전에 자신의 죄를 고백해야 했고, 이웃들과 불화 가운데 있다면 성체 성사에 참여할 수 없었습니다. 2세기의 호교 교부인 유스티노Justinus 100?-165?가 전하는 다음의 기록에서 성체 성사에 참여할 수 있는 조건을 알 수 있습니다.

이 음식을 우리는 성체라고 부른다. 누구든지 우리의 가르침이 참되다고 믿고 그리스도의 계명을 따라 죄를 용서하고 생명의 재탄생으로 이끄는 세례욕에서 씻었던 사람이 아니면 이 음식의 한 몫을 가져서는 안 된다. 왜냐하면 우리는 이 예물을 보통의 빵이나 보통의 음료처럼 즐기지 않기 때문이다. 왜냐하면 우리 구세주 예수 그리스도께서 신적 말씀을 통하여 육肉이 되셨던 것처럼, 그리고 우리의 구원을 위하여 살과 피를 취하셨던 것처럼, 우리의 가르침에 의하면 말씀께 향한 기도를 통해서 감사 기도 아래서 축성된 음식은 그렇게 우리의 살과 피를 변화시키고 양육하기 위하여 이 예수의 살과

피가 되기 때문이다.(『호교론』 66장)

이때의 신자들이 성체를 배령함에 있어 경외심을 가졌던 것은 자연스러운 일이었습니다. 하지만 아직 '성체현시' 나 '성체강복' 같은 미사 밖의 성체 공경은 보이지 않습니다. 신생교회는 그때까지도 전통적인 유대교 신심의 영향을 많이 받아 유대교 조직의 기본 원칙을 크게 벗어나지 못한 상태에 있었는데, 우선 미사 밖에서 성체를 보관하는 일은 교회의 모태인 유대교의 관습에부터 어긋났던 것이지요. 왜냐하면 유대 백성은 광야에서 만나를 먹을 때 안식일 전날을 제외하고는 그날 먹을 것 외에 더 모아서는 안 된다고 하는 것을, 또 파스카 기념제에서 제물인 양을 먹을 때에도 그날 다 못 먹게 되면 불 살라야 한다는 것을 원칙으로 알고 있었던 것입니다.

성체를 보관하는 관습의 시작

성체를 보관하는 관습은 당시 신학자들로부터 많은 반대를 받았습니다. 예를 들어 오리게네스Origenes 185-254?는 이렇게 말했습니다.

예수님께서 최후의 만찬 때 (빵을 들어 축복하시고 나누어 주시면서) '너희는 모두 이것을 받아 먹어라'고 했지, 언제 다음 날까지 보관하라고 지시한 일이 있습니까?"(레위기에 대한 다섯번 째 강론)

그런가하면 축성된 제병은 만나처럼 금요일에서 토요일까지, 혹은 다음 날까지만 보관할 수 있다고 한 신학자들도 있었습니다. 이러한 이견들 때문에, 또 유대 관습과 불일치한다는 이유 때문에 미사 밖에서 성체를 보관하고 공경하는 일이 공식적으로 행해지지는 않았습니다. 물론 미사에 참여하지 못하는 신자들이 있으면 부제들이 직접 그들에게 성체를 모셔가는 경우는 있었습니다.

그 외에도 신자들이 미사 밖에서 개인적으로 성체를 보관하고 공경하는 일이 있었는데, 이러한 관습은 고대교회에서 일반적으로 행해지던 그리스도교적 관례로 보입니다. 즉 신자들은 (아직 4세기경까지는 매일 미사가 일반화되지 않았기에) 미사 후 성체를 집에 모셔가서 매일의 첫째 음식으로 영하기도 했고, (박해시대엔 미사거행이 어려웠기에) 성체를 몸에 지니고 보관하며 공경하기도 했던 것입니다.

초대 아프리카 교회의 성체에 관한 신앙의 증인으로서는 테르툴리아노Tertullianus, 160?-220?를 들 수 있는데, "교회에서 정한 단식일에 성체를 영하면 그것 때문에 단식을 어기는 것이 아닌가?" 하고 걱정하는 당시의 신자들에게 성체를 받아 두었다가 다음날 영성체 하기를 권하였다는 기록이 있습니다.(물론 이와 같이 개인이 성체를 보관하는 방법은 훗날 금지 됩니다.)

단식 날에도 성찬례에 참여하는 것은 좋은 일이니 그것을 포기하는 것은 옳지 않다. 그러나 단식을 깨고 싶지 않은 신자는 성찬례 때 '주님의 몸'을 손에 받고 그것을 다음날까지 간직했다가 영할 수 있다.(「기도론」De Oratione 19)

/2

고대교회에서의 성체 공경

주 예수 그리스도의 명에 따라 거행된 초대교회에서의 성찬례는 '감사의 기도' 와 함께 '배불림의 식사' 를 포함한 식사로서 공동체를 위한 사랑의 만찬과 잔치의 성격이 강했습니다. 초기 그리스도인들은 유대교의 예배에 이어 성찬례를 가지다가, 차츰 유대인들의 박해를 받으면서 독립된 성체 성사를 거행하였습니다. '박해시대의 미사' 는 자연스럽게 성체에 대한 공경을 불러일으켰고, 이는 미사 밖에서의 성체 공경으로 이어졌습니다.

바실리카 미사와 성체 공경의 시작

313년 콘스탄티누스 대제285-337가 밀라노 칙령으로 종교의 자유를 선포함으로써 그리스도교에 대한 로마제국의 박해시대는 막을 내리게 됩니다. 이후 그리스도교회는 바실리카Basilica와 같은 로마시대의 공공 건물에서 미사를 드리게 되었습니다. 321년에는 그리스도교가 로마의 국교가 되고 주일 예배가 국법으로 선포됩니다. 이렇게 교회가 소위

'제국교회' 帝國教會가 되면서 미사를 더 성대하게 드리게 되었고, 그럼으로써 성체에 대한 공경과 성체 성사가 거행되는 제대에 대한 공경도 더 높아지게 되었습니다.

성찬례 풍경의 장엄한 변화

다음 소개해 드리는 글에서 당시에 행해지던 성찬례의 풍경을 잘 알 수 있습니다.

> 박해 시대가 끝나고 교회가 자유로이 그 신앙을 나타내고 전례를 행할 수 있게 되면서 로마 제국 각처에 큰 성당이 세워지고 신자는 증가되고 일요일에는 성찬례가 성대히 거행되게 되었다. …… 세월이 흐름에 따라 의식도 점차로 장엄해졌다. 최후 만찬 때의 예수의 말씀을 내포한 감사 기도로 빵과 포도주가 축성되는 점은 변하지 않았지만 점차로 초나 향이나 무릎을 꿇는 등의 로마 황제 궁전에서 사용되던 의식이 성찬례에도 도입되어 노래와 행렬로 의식의 장엄성이 증가되었다. 성찬례에 참가하는 것은 뚜렷이 세례를 받은 신자에만 국한되어 있어서, 성찬례 전에 행해지는 성경 낭독과 주교의 강론에 참가하는 것은 세례 지망자(예비 신

자)에게도 허락되어 있었으나 강론이 끝나고 성찬례가 시작되면 성당을 나가지 않으면 안 되었다. 또 성찬례 동안 세례를 받지 않은 사람이 성당에 들어가는 것이 금지되어 있었다. 세례를 받지 않은 사람을 성찬례에 참가시키지 않는다는 것뿐만 아니라 그들에게 세례나 성체에 대한 것을 설명하지 않는다는 습관도 4세기 교회 전반에 지켜졌다.(P. 네메세기, 『주의 만찬』 105-106쪽)

노자 성체예식과 성체에 대한 직접적 공경

4세기 이후에는 성체에 관한 기적 이야기들이 생겨나 신자들의 신심을 자극하곤 하였습니다. 이때부터 임종을 앞둔 신자에게 성체를 '노자' 路資 Viaticum 로 영해 주기 시작하였고, 긴 여행을 떠나는 사람들도 안전을 위해서 성체를 지니고 다니기도 하였습니다. 매일 미사가 일반화된 것은 5세기 경부터인데, (그럼에도 불구하고) 성체를 직접적인 공경의 대상으로 삼아 집에까지 성체를 모셔가서 경배하는 신자들도 있었고, 급기야 성체를 훔쳐가는 경우도 있었습니다.

병자 봉성체와 공복제 규정

로마에서는 미사 중에 교황이 축성한 성체를 시내 각 성당으로 보내 (교회 일치의 상징으로) 그 성체 조각을 성혈에 넣는 관습이 있었고, 영성체 예식 후에 환자들에게 성체를 모셔가는 봉성체도 행해졌습니다. 동방 교회의 전례문에서 '거룩한 것을 거룩한 사람에게' 라는 표현을 찾아볼 수 있는데, 이처럼 영성체를 하려는 사람은 먼저 "죄가 없이 거룩한 상태에 있어야 한다."는 것이 당시 영성체에 대한 규정이었습니다. 영성체 전 '공복상태' 空腹狀態를 요구하게 된 것도 이때부터인데, 9세기까지는 손으로 영성체를 하되 영성체 시 엄격한 규정을 두어 지키도록 하였습니다.

신자석에서 멀어지게 된 사제석과 제대

시간이 흐르고 교세가 확장됨에 따라 로마제국의 여러 요소를 받아들인 교회는 바실리카 미사를 더욱 더 성대하게 거행하였고, 이에 따라 성사의 외적인 의식이나 전례 행사 등에 더 치중하는 경향이 생겨났습니다. 미사의 규모와 성당의 규모가 더 커짐에 따라 사제석은 신자석에서 더 멀어지게 되었고, 제대는 높은 곳에 설치되어 신자들의 접근이 어려워졌습니다.

신자들의 영성체 약화와 엄격한 준비 규정

신자들이 높고 먼 곳에 위치한 사제석과 제대를 바라보며 구경하는 식의 미사가 되다보니 미사 참례가 점차 적극적인 면을 잃어가기 시작했습니다. 이미 4세기 무렵에는 "미사에 참여하는 모든 신자들은 당연히 성체를 모셔야 한다."는 의식이 약해지기 시작했습니다. 즉 신자들의 영성체가 더 이상 당연한 일이 아니게 되면서 5세기 말부터 6세기 초를 거치면서 영성체자가 현저하게 줄어들었습니다. 이러한 변화 속에서 영성체는 한동안 사제만 행하는 일이 되었습니다. 이러한 이유로 506년 프랑스 악드Agde에서 개최된 시노드는 "적어도 성탄, 부활과 성령 강림 날 영성체를 하지 않으면 신자로서 자격이 없다."고 가르쳤습니다. 동시에 악드 공의회는 엄격한 영성체 준비를 강조하였기 때문에 영성체를 권장함에 있어서 별로 효과를 보지 못하였습니다. 신자들이 영성체를 멀리하게 된 가장 큰 원인은 무엇보다도 교회가 영성체를 위한 조건을 너무 엄격하게 정한 때문이었습니다. 예를 들면 체사리오Caesarius 470-542는 영성체를 위해서 며칠 동안 금욕할 것을 요구하였고, 심지어 신혼부부에게 한 달 동안 교회에 나오지 말라고 권고하는 일도 있었습니다.

성인 신심의 성행

이제 매일의 미사가 잦은 영성체와 무관한 것이 되었고, 성체 성사는 차츰 공동체의 만찬이라기보다 개인적인 은혜를 위한 신심의 대상으로 여기는 경향이 생겨났습니다. 이러한 분위기 속에서 신자들은 좀 더 감각적인 종교 행위를 찾아 '그리스도 중심의 신심' 보다 '성인 중심의 신심' 을 더 즐겨 구하였습니다. 마리아에 대한 공경이 교회 전례 안에 정식으로 도입된 것이 6세기 말에서 7세기경이었는데, 특히 이때부터 성지 순례와 순교자, 성인들의 유해와 유물에 대한 공경이 성행하여 이 제대에서 저 제대로 옮겨 다니며 제대에 모신 순교자나 성인의 유해 앞에서 기도하는 신자가 많아졌습니다.

/3 중세교회에서의 성체 공경

개인 신심미사의 번성

중세에 들어 성체 성사가 가진 공동체적인 특성이 갈수록 희미해지고 사제가 홀로 집전하는 사적私的인 미사가 성행하였습니다. 원래 성찬례는 주교에 의하여 집전되고 사제들은 하나의 사제단으로서 참가하는 것이 일반적이었지요. 그러다가 로마와 같이 큰 도시에서는 하나의 성찬례로는 모자라서 주교가 주례하는 성찬례 외에도 다른 성당의 주임 사제들이 따로 집전하는 미사가 많아지게 되었습니다.

또한 순교자의 무덤 위에 세워진 제단에서는 그곳을 순례하는 이들을 위한 성찬례가 성행하였고, 큰 수도원의 경우에는 공동 집전 외에 개인적으로 성찬례 거행을 원하는 사제가 많아졌습니다. 그렇게 하여 7세기 이후 서방 교회에서는 사제들이 성찬례를 공동으로 집전하기보다 개별적으로 집전하는 것이 일반적이 되었고, 이는 오늘에까지 이르렀습니다.

이렇게 미사가 사제의 공동 집전보다는 개인적으로 거행

하는 신심으로 성행하게 된 것은 특히 8-11세기경까지의 미사 이해에서 그 원인을 찾을 수 있습니다. 즉 미사를 공동체의 전례가 아닌 개인적인 기도의 장으로서 가장 효과적인 신심 행사로 이해되었다는 것입니다. 그 결과 같은 성당 내에 여러 제단이 생기게 되었고, 사제는 신자들과는 무관하게 벽을 보고 혼자서도 미사를 드리게 되었습니다.(한 해 전체의 미사 본문이 담긴 『완전한 미사 경본』 책이 생겨난 것도 이때라고 합니다.)

미사는 성직자의 전유물, 신자들은 구경꾼?

13세기에 들어서 미사는 전 교회 구성원이 함께 거행한다는 개념이 사라지고 성직자만의 전유물이 된 듯 했습니다. 미사 거행에 있어서는 사제가 행하는 것만 '유효' 하다는 인식이 생겨나 평신도는 독서 낭독도 할 수 없었습니다.

게다가 어려운 전례 언어가 신자들의 이해를 가로막아 버렸습니다. 그리하여 이제 미사는 말씀을 선포하는 기능을 상실하게 되었고, 말씀보다는 전례 의식과 또 예식에 쓰이는 외적인 물건, 그리고 성사들의 표지가 더 큰 비중을 갖게 되었습니다. 적지 않은 신자들이 미사 언어인 라틴어를 잘 이해할 수 없어 미사 참례에 소극적으로 되었고, 미사를 바라보기만 하는 시청자요 성체 성사의 구경꾼이 되어 갔습니다.

또한 성당이 커지면서 신자석은 사제석에서 완전히 분리되었고, 그에 따라 평신도와 성직자 간의 차별도 커졌습니다. 한편 이때부터 그리스도께 대한 기도를 중재해 줄 '성모 마리아와 성인들에 대한 신심' 이 성행하여 교회력에 성인을 기념하는 축일이 많이 늘어났습니다. 미사를 거행하는 제단은 공동체의 식탁으로 신자들 가까이 있지 않고 멀리 떨어져 있었습니다. 여러 층계와 칸막이, 문턱으로 이루어진 높은 제단은 신자들에게 근접하기 어려운 대상이 되었습니다.

실체변화 교리와 영성체 기피 현상

12세기 말에는 "빵 그 자체가 그리스도 자체로 변화한다."는 '실체변화' 實體變化 Transsubstantiatio 개념이 등장했습니다. 실체변화 개념은 '성체 안의 그리스도', 정확히 말하자면 '성체이신 그리스도의 실제적 현존' 을 강조하는 개념이지요. 그러다보니 미사성제 안에서 그리스도의 현존이 빵의 형상에만 제한되어 있는 듯이 이해되는 경향이 생겨났고, 이에 따라 눈에 보이는 성체에 대한 구체적이고도 지나친 경외사상이 생겨나게 되었습니다. 무릎을 꿇고 성체를 영하는 관습이 생겨난 것도 이때부터입니다.

유감스러운 것은 그리스도의 성체 현존을 강조함에 따라 신자들은 영성체를 더 멀리하게 되었다는 점입니다. 이제 신자들은 "성체를 잘못 영하면 스스로를 단죄한다."는 두려움을 갖게 되었습니다. 이러한 생각은 바오로 사도의 다음 말씀에 영향을 받은 것으로 보입니다.

> 그러므로 부당하게 주님의 빵을 먹거나 그분의 잔을 마시는 자는 주님의 몸과 피에 죄를 짓게 됩니다. 그러니 각 사람은 자신을 돌이켜보고 나서 이 빵을 먹고 이 잔을 마셔야 합니다. 주님의 몸을 분별없이 먹고 마시는 자는 자신에 대한 심판을 먹고 마시는 것입니다. 그래서 여러분 가운데에 몸이 약한 사람과 병든 사람이 많고, 또 이미 죽은 이들도 적지 않은 것입니다.(1코린 11,27-30)

'적어도 일 년에 한 번'의 영성체 규정

신자들의 영성체 기피 현상이 심화되자 교회는 이제 "신자는 적어도 1년에 한 번은 영성체를 해야 한다."는 규정을 발표하였습니다. 1215년 제4차 라테란 공의회는 '실체변화' 라는 표현을 정식으로 이용하여 "미사성제 안에서의 축성으로 빵은 본질적으로 그리스도의 몸이 된다."고 하면서, 신자들은 적어도 1년에 한 번 부활 전에 고해 성사를 받고 영성체를 해야 한다고 규정한 것입니다.(1983년 「새 교회법」 제920조의 규정도 그러합니다). 그럼에도 불구하고 영성체를 위한 교회의 철저한 준비 규정은 신자들의 영성체를 여전히 어렵게 하는 면이 있었습니다. 당시 교회는 '인간은 죄인' 이라는 점을 많이 강조하였고, 구원을 얻기 위해서는 '철저한 신앙 생활' 이 필요하다고 가르쳤지요. 따라서 신자들은 영성체에 지나친 주의를 기울여야 했고, 그 결과 그들은 성체에서 점점 더 멀어지게 되었습니다.

거양성체의 등장

성체에 대한 경외심이 일방적으로 강조되는 분위기 속에서, 미사에 참여하는 신자들에게 자신들이 영성체에 초대받고 있다는 의식은 갈수록 희박해져 갔습니다. 그들은 라틴어로 거행되는 말씀의 전례를 잘 이해할 수 없어 영적으로 항상 부족함을 느꼈고, 그러다보니 미사전례를 거행하는 사제가 확실한 볼거리를 제공하면 좋아하게 되었습니다. 이러한 신자들의 요구에 부합하여 생겨난 것이 바로 '거양성체' 의식인데, 미사의 가장 중요한 순간으로 여겨진 '성체의 거양'은 12세기 말부터, '성혈성작의 거양'은 14세기 말부터 행해졌습니다. 게다가 거양성체와 관련하여 일어난 '성체 기적의 이야기'들이 성체에 관한 신자들의 공경심을 자극하였습니다.

이렇게 하여 영성체 대신에 눈으로 성체와 성혈이 담긴 성반과 성작을 우러러보며 성체를 공경하는 신심이 큰 의미를 갖게 되었습니다. 영국의 몇몇 학교의 경우에는 거양성체 때 수업을 중단하면서까지 학생들에게 거양성체에 대한 주의와 공경을 강조할 정도였지요. 거양성체에서 성체를 올려다보는 것은 구약 성경의 '구리 뱀 이야기'를 상기시키는 것이었습니다. 즉 이스라엘 백성이 광야에서 뱀에게 물렸을 때 모세가 쳐든 구리 뱀을 쳐다본 사람은 죽지 않았듯이, 성체를 올려다보는 사람도 그와 같은 보호를 받을 수 있다는 것이었지요.(민수 21,4-9 참조)

이렇게 성체에 대한 과도한 공경심은 영성체 방법의 변화로 이어졌습니다. 즉 신자들은 차츰 성체를 영할 때 더러운 손으로 받아 모시면 불경하니 혀로 (사제의 손에서 바로) 받아 모셔야 한다는 의식을 가지게 된 것이지요.

성체 신심의 확산

13세기 즈음에 신앙 생활에서 성체 성사를 멀리하는 분위기가 전반적으로 조성되었습니다. 하지만 교회 개혁을 이끌었던 수도원 등에서는 이미 12세기경부터, 특히 분도회 내의 엄격 수도회인 씨토회와 프란치스코회 등에서 성체에 관한 공경이 확산되어 나갔습니다. '성체조배'와 같은 일반 신자들의 성체 신심의 경우에는 특별히 우리 교회 내의 위대한 민중 운동가라고 할 아시시의 성 프란치스코에 힘입은 바가 컸습니다. 이와 함께 성체를 보존하는 제대 앞에서 가져야 할 경외敬畏의 자세도 강조되었습니다. 이러한 제대에 대한 경외심은 13세기에 파리 시노드에서 의결되어 다른 교회 시노드로 확산되었습니다.

병자 성사를 위한 봉성체와 감실의 등장

미사 밖에서 성체 공경이 본격적으로 행해진 것은 환자를 위한 사목적 배려에서, 즉 병자 성사 때 성체를 모셔가는 데서 유래하였습니다. 10세기 말부터는 이렇게 임종을 앞둔 병자에게도 소위 '노자'로 성체를 영해 주기 위해 성체를 (미사 시간 외에) 성당에서 보관하게 되었습니다. 즉 '미신적인 남용을 목적으로 한 도난'과 '이교도에 의해 저질러지는 모독'으로부터 성체를 보호하기 위해 '감실에 성체를 보관하고 열쇠를 채우기' 시작한 것이지요. 이러한 성체의 감실 보관은 일종의 성체현시와 성체강복으로 이어졌습니다.

11세기에서 12세기에 걸쳐서 성체를 보존하기 위하여 아름답게 장식한 감실이 만들어졌다. 또 신자는 성찬례 때 이외에도 성체를 보기를 원하고 있었기 때문에 아름다운 성체현시대가 만들어지고 성체가 신자에게 예배받도록 현시되고 성체를 들어 높여서 신자에게 축복해 주는 의식이 행해지게 되었다.(P. 네메세기, 『주의 만찬』 164쪽)

1215년 제4차 라테란 공의회에서 정식으로 '미사 밖에서의 성체 보존 규정'이 의결되었습니다. 그리고 신자들은 사제가 병자 성사를 집전하러 (성당 밖으로) 갈 때에도 성체에 대한 공경을 나타냈습니다. 즉 그들은 촛불을 들고 종을 치면서 행렬을 이루어 (문 밖에서 기도하는 마음으로 함께 하며) 병자를 방문하는 사제와 동행하였던 것입니다. 때문에 13세기 말 교회에는 "사제가 병자 성사를 집전한 다음에도 (환자의 집 밖에서 기다리고 있는) 신자들이 성체를 공경할 수 있도록 적어도 두 개의 축성된 제병을 모셔가야 한다."는 원칙이 있었습니다.(이러한 병자 봉성체는 특별히 16-17세기에 걸친 공의회에서 강조되었습니다.)

이 시기에 교회는 성체를 영할 수 없는 환자들에게도 성체를 모셔가서 (영성체는 못하더라도) 성체를 바라보며 기도하도록 배려해 주었습니다. 그러면서 성 아우구스티노의 가르침에 의지하여 그러한 환자들에게 신령성체信領聖體를 권하였습니다.(영성체를 못하는 환자에게 조배와 경배를 위해서 성체를 모셔가던 이 관습은 16세기에 금지되었습니다.)

성체 행렬과 성체 현시 및 성체 강복의 시행

이제 '그리스도의 실제적 성체 현존에 대한 신심' 은 신자들의 눈으로 확인하고 싶어하는 욕구와 더불어 성체 성사를 기념하는 행렬로 이어졌습니다. 즉 성체에 대한 신자들의 신심에 상응하여 성지 주일과 성목요일, 성금요일 등에 성체를 모시고 사제들과 신자들이 성대한 행렬을 거행한 것입니다. 이는 1264년 교황 우르바노 4세에 의해 '성체 성혈 대축일' 이 제정되고 경축됨으로써 본격적으로 시행되었습니다.

행렬의 방식은 신자들이 성체를 모시고 성가를 부르면서 꽃을 길에 뿌리는 등 여러 가지 의식으로 성체에 대한 신앙과 감사를 표하며 마을을 행진하는 것이었습니다. 나아가 14세기에는 성체 현시와 성체 강복이 본격적으로 성행하였습니다. 이로써 성체를 (사람들이) 볼 수 없는 상태로 (감실에만) 보관하며 공경하는 것보다 (사람들이) 볼 수 있는 상태로 (감실 밖에) 현시하며 공경하는 것을 더 중하게 여기기 시작하였습니다.

미신적인 미사 신심의 발생

미사 밖에서의 성체에 대한 공경은 심화되었지만, (그에 비례하여 미사 안에서의) '성찬례가 가진 제사와 식사의 의미' 가 희박하게 되어 14-15세기를 거치면서는 미사 효과에 대한 지나치게 과장된 신심이 발견됩니다. 예를 들어, (미사에 참례하는 사람은) '미사 시간 동안 더 이상 늙지 않는다' '미사 참례하는 날은 벼락을 맞지 않는다' '급사를 면할 수 있다' 는 미신적인 믿음입니다. 미사 끝에 비를 기원하는 예식이 생겨난 것도 이때입니다. 한편 미사의 효과에 대한 지나친 생각으로 미사 신청이 쇄도하여 미사만 많이 드리려고 하는 소위 '제단 사제', 즉 미사를 드리는 일 외에는 아무것도 하지 않으려는 사제들이 많아졌습니다. '(세상을 떠난) 죽은 이를 위한 미사'가 성행하기 시작한 것도 이 때부터입니다. 그리고 이러한 미성숙한 교회 전례는 종교개혁분열의 한 이유가 됩니다. 이해를 위해 다음 글을 인용합니다.

사실 중세 말기의 그리스도인은 신학에 의한 충분한 지도를 받지 않았으므로 일반의 신앙 생활은 바람직하지 못한 방향으로 이끌리고 성체에 관해서도 사람들 간에 다양한 미신이 생겨났다. 예를 들면, 일정한 수의 성찬례를 계속 바치고 청원하면 그 청원은 꼭 들어 허락함을 받는다는 미신이나, 또 어떤 특정의 기원을 위하여 성찬례를 봉헌하도록 사제에게 청하는 경우에 신자가 사제에게 주는 예물에 관해서도 여러 가지 혼란한 방법이 취해졌다. 사제 중에는 예물을 받기 위하여 매일 3-4회나 성찬례를 바치는 것을 유일한 업으로 삼고, 그것만으로 하루 종일 태만하게 지내는 사제가 중세 말기에는 허다했다. 동시에 이 시기의 교회의 상태는 일반적으로 바람직한 것이 아니었으므로 성찬례의 집행 방법도 충분한 경건이 결핍되고 사람들은 성당이 더러워도 모르는 척하고, 또 성찬례 중에 부르는 찬미가는 신심을 더하기보다는 세속적인 분위기를 자아내는 것이었다. 더욱이 신자가 성체를 영하는 것은 극히 드문 일이었다. 이와 같은 일반적인 상황에서 성체에 관한 그릇된 생각이 나온 것은 지극히 당연하다고 할 만하다.(P. 네메세기, 『주의 만찬』 167쪽)

성체 공경에 대한 종교 개혁가들의 이견

"사람의 의화는 믿음에 의해서만 가능하다."는 원칙이 16세기 종교 개혁자들의 주장입니다. 그들은 의화를 위한 조건으로 '하느님의 자애를 신뢰하는 그리스도께 대한 신앙'을 강조했고, 이를 자신들의 근본 교의로 내세웠습니다. 그러면서 "그리스도의 속죄의 은혜가 교회의 사제가 행하는 성찬례에 의하여 사람들에게 분배된다."라는 가톨릭교회의 교의를 배척했습니다. 그런데 종교 개혁자들 대부분은 성찬례가 '십자가상 그리스도의 새로운 봉헌'이 아니라는 점에서는 일치하였지만, '성체 안의 그리스도의 현존'의 문제에 관해서는 의견을 달리했습니다. 즉 루터는 (실체변화라는 이론은 배척하면서) 복음서의 말씀대로 그리스도의 몸의 현존을 굳게 믿었던 반면에, 울리히 츠빙글리Ulrich Zwingli 1484-1531나 그의 제자인 칼슈타트Karlstadt, 에콜람파디우스

Oecolampadius의 경우에는 "성체는 그리스도를 나타내는 상징에 불과하다."며 성체 안에서의 그리스도의 실질적 현존을 부정하고, 미사의 거양성체와 감실의 성체 보관에 대해 비난하는 입장이었습니다.

1999년 10월 31일 가톨릭교회와 루터 교회 사이에 '의화론에 대한 공식 합의'가 이루어졌습니다. "사람의 의화는 '오직 은총과 신앙'에 의해서만 가능하다"는 주장[루터교]과 "사람의 의화에는 선한 의지를 가진 인간의 응답이 따라야 한다."는 주장[가톨릭], 이 두 주장에는 서로 모순이 없음을, 즉 하느님의 은총과 그에 대한 믿음이 중요하지만, 그 못지않게 인간의 노력과 실천이 중요하다는 것을 양쪽 교회가 다 인정하게 된 것입니다.

/4
중세 말기와 근대교회에서의 성체 공경

트리엔트 공의회를 통한 교회 전례 법규의 확정

가톨릭교회에 반하는 종교개혁가들의 주장과 공격이 심해지자, 가톨릭교회는 그에 대한 반발로 성체 공경을 더 강화하게 됩니다. 예를 들어, 프로테스탄트 교회가 가톨릭교회의 성체론을 공격하면서 라틴어 외의 모국어 전례집전을 강조하자 트리엔트 공의회는 "라틴어가 아닌 모국어로만 미사가 드려져야 한다는 자는 파문에 처한다."(「미사성제에 관한 전문」 9항)는 규정을 발표하였습니다.(1661년 교황 알렉산더 7세는 「라틴어 미사경본」을 다른 언어로 번역하는 일 자체를 금지하였습니다.)

트리엔트 공의회는 (당시 전례에 대해 심도 깊은 개혁을 관철하지 못한 채로) 교회의 수장인 교황에게 모든 전례 서적에 대한 발행을 위임하였습니다. 그리하여 교황은 (전문가로 구성된 위원회의 도움을 받아) 1570년에는 『로마 미사 경본』을 발간하고, 1588년에는 교황청 내 예부성성을 창설하여 전례 법규를 규제하고 감독토록 하였습니다.

이후 400년간 가톨릭교회의 전례는 (불행하게도 이렇다 할 발전과 변화가 없이) 완전히 획일화되고 고정화되었습니다.

다음의 글은 트리엔트 공의회 이후의 전례를 잘 나타내고 있습니다.

트리엔트 공의회 이후의 전례는 "중세기의 계속으로 …… 성직자의 특별한 전례로 …… 남아 있었다. 언어는 예전과 같은 라틴어이며 강론을 제외하고는 하느님 백성을 약간 고려했을 뿐이다." 백성은 '미사에 참례' 하고, 그들의 참여는 듣고 보는 데에 한정되었다. 평범한 백성에게 미사 전례는 대부분 이해하지 못하는 신비로 남아 있었다. 바로크 시대에 와서 교회의 공적 전례는 점점 더 화려하게 거행된다. 수많은 바로크 성당들의 화려한 공간, 다성多聲의 노래와 악기가 동원된 음악은 미사 전례를 하나의 '눈과 귀의 향연' 으로 만든다. 강론은 대부분 미사 전에 행해졌으며 그럼으로써 말씀의 전례의 구조적인 틀에서 벗어났다. "중세기의 발전은 출발점을 뒤돌아보지도 않은 채 계속된다."(아돌프 아담, 「성찬례」 29쪽)

영약으로서의 영성체 신심

그럼에도 트리엔트 공의회는 나름 쇄신의 노력을 기울였다고 평가할 수 있습니다. 그것은 공의회의 결실과 이후의 노력으로 성체를 새로운 양식으로 깨닫고 적어도 매주 한 번은 성체를 모시려고 노력하는 신자들이 많아졌기 때문입니다. 그럼에도 불구하고 신자들의 미사 참례는 여전히 수동적이었고, 성체 안의 그리스도의 실제적 현존에 대한 신자들의 신심은 아직도 그 도가 지나친 상태였습니다. 이를테면 17-18세기를 거치면서 그리스도의 성체가 신비한 영약靈藥으로 여겨져, 미사에 참례하는 신자들은 '그리스도의 가장 효과적인 약'인 성체를 모신다는 '약으로서의 영성체' 의식이 널리 퍼지게 된 것입니다. 이러한 당시의 의식은 오늘날에도 그 흔적을 발견할 수 있습니다. 미사 통상문에서 볼 수 있는 영성체 후 사제의 기도가 그것이지요.("주님, 저희가 모신 성체를 깨끗한 마음으로 받들게 하시고 현세의 이 선물이 영원한 생명의 약이 되게 하소서.")

이러한 배경에서 "사제가 위령미사를 드리면, 연옥에서 고통 받고 있는 영혼이 천사에게서 성체를 영한다."는 생각까지 퍼지게 되었습니다. 또한 성체는 '가벼운 죄들로부터 영혼을 정화하고 연옥불에서 받을 고통과 정화의 시간을 단축시키는 약' 으로서의 역할을 할 수 있다고 생각하게 되었습니다. 이러한 생각에서 나온 그리스도 상像이라고 할 '죽은 이를 위한 약제사藥劑士로서의 그리스도' 는 17,18세기 천주교와 개신교 신자들이 즐겨 사용하던 소재였지요. 한편 프란치스코 회원의 노력으로 확산된 '십자가의 길의 신심', 그리고 도미니코 회원이 보급한 '로사리오 기도의 신심' 은 신자들의 건전한 신앙 생활을 위해 큰 활력소가 되었습니다.

근대교회에서의 전례 쇄신과 영성체 강조

근대에 들어와 교회 내에 전례를 쇄신하자는 바람이 일어났습니다. 그러한 운동에 선구적인 역할을 한 사람이 프랑스의 솔렘 수도원을 부흥시킨 베네딕토회의 프로스페르 게랑제Prosper Guéranger 1805-1875 신부였습니다. 이러한 분위기 속에서 교황 비오 10세도 전례쇄신 운동에 동참하면서 신자들에게 주일主日의 우위성과 영성체의 중요성을 강조하면서 그들의 능동적인 전례 참여를 독려하고 권고하였습니다. 또한 교황은 1905년 「영성체 교령」Sacra Tridentina Synodus을 반포하여 미사에 참례하는 신자들에게 적극적으로 성체를 영할 것을 권장하였고, 어린이들의 조기早期 영성체와 그를 위한 첫영성체 준비의 중요성도 강조하였습니다.(어린이 첫영성체는 19세기 가톨릭 신자들에 있어서 중요한 가족 축제의 하나였습니다). 교황은 이때 영성체자는 "은총 지위에 있어야 한다."는 것과 "올바른 지향을 가지고 모셔야 한다."는 조건을 달았습니다. 이에 따라 교회 내의 전례 쇄신은 활기를 띠어갔습니다.

그러면서 이 시기의 성체 신심에도 우려스러운 미신적인 요소가 발견됩니다. 신자들 중에는 영성체 효과에 대한 과신으로 하루에도 몇 번씩이나 영성체하는 경우가 있었던 것입니다. 이에 1917년에 반포된 「교회법」에서는 "같은 날 한 번 이상의 영성체를 금한다."는 규정을 발표하였습니다.(「구 교회법」 제857조의 이 규정은 1983년의 「새 교회법」 제917조에서 "같은 날이라도 자기가 참여하는 성찬 거행 중에서는 다시 [두 번까지] 영성체 할 수 있다."는 문장으로 바뀌었습니다.)

한편 19세기 후반부터 세계성체대회를 비롯하여 여러 지역에서 성체대회가 자주 열리게 되었습니다. 중세기부터 계속되어 온 '예수 성심聖心에 관한 신심'은 1856년 교황 비오 9세의 '예수 성심 축일' 제정으로 심화 확산되었습니다.

제2차 바티칸 공의회의 능동적 미사 참례

제2차 바티칸 공의회를 거치면서 본격적으로 시작된 교회 쇄신의 바람은 먼저 전례 부문의 개혁으로 뚜렷이 드러났습니다. 공의회의 「전례 헌장」Sacrosanctum Concilium에 의하면, 신자들은 미사전례에 능동적으로 참여하고, 사제와 더불어 제물을 바치며, 자기 자신을 제헌하는 것을 배우고, 서로 간의 일치를 이루어야 합니다.

> 그러므로 그리스도 신자들이 이 신앙의 신비에 마치 국외자局外者나 묵묵한 방관자인 양 참여하지 않고, 예절과 기도를 통해서 이 신비를 잘 이해하고, 거룩한 행사에 의식적意識的으로, 경건하게, 능동적으로 참여하도록, 또한 하느님의 말씀으로 육성되고, 주의 성체의 식탁에서 보양되고, 하느님께 감사하도록, 성교회는 이에 모든 노력을 기울인다. 또 신자들은 티 없는 제물을 사제의 손으로 뿐 아니라 사제와 함께 제헌하면서, 자기 자신을 제헌하는 것을 배워야 하며, 그럼으로써 중재자이신 그리스도를 통하여, 하느님과의 일치 또 자기들 상호 간의 일치가 날로 긴밀하게 되어, 하느님이 모든 것 중의 모든 것이 되시도록 해야 한다.(48항)

「전례 헌장」은 이제 미사성제를 모국어로 드리는 것을 전면적으로 허용하고(40항, 54항 참조), 신자들의 영성체를 강조하였습니다. "사제의 영성체 후에, 신자들이 같은 성제에서 (축성된) 주의 몸을 받아먹도록 하는, 더욱 완전한 미사성제의 참여를 크게 권장한다."(55항). 이어서 「전례 헌장」은 미사의 사제 공동 집전을 원칙으로 제시하면서, 사제들이 한 성당에서 같은 시간에는 한 대의 미사만 (공동으로) 드리는 것을 원칙으로 제시하였습니다.(57항 참조)

/5

제2차 바티칸 공의회 이후의 성체 공경

성체 신비에 관한 훈령

제2차 바티칸 공의회 이후 1967년에 발표된 「성체 신비에 관한 훈령」은 성체 성사를 구원을 위한 '은총의 보고寶庫'로 제시하면서, 신자들에게 일상 생활 중에 성체 성사의 정신을 실천해야 하다고 권고하였습니다.

사랑을 실천하는 산 신앙으로 영성체를 하기만 한다면, 성사적이며 영신적으로 주의 성체와 성혈에 참여하는 것이므로 성령의 은혜는 생명수같이 각 사람에게 충만히 흘러내린다.(요한 7,37-39 참조). 그러나 이 성사가 지표指標하는 그리스도와의 영적 일치는 성체를 이루는 순간에만 도모할 것이 아니라 신자 생활 전체에서 계속되어야 할 것이며, 신도들은 받은 은혜를 끊임없이 신앙으로 관상觀想하며 성령의 인도를 받아 감사하는 마음으로 일상 생활을 영위하고 보다 풍성한 사랑의 결실을 맺어야 할 것이다.(Eucharisticum Mysterium,

교황청 예부성성 1967. 5. 25, 한국천주교중앙협의회 1988 재판 [1968 초판], 38항)

더불어 훈령은 (사제들이)신자들에게 미사에 참례해서 적극적으로 영성체 할 것을 권고(해야 한다고)하였습니다.

> 잦은 영성체와 매일 영성체는 그리스도와의 일치를 깊게 하고, 영적 생명을 더욱 풍만히 양육하고, 영혼을 덕행으로 아름답게 꾸미며, 영원한 행복의 보다 확고한 보증이 되는 것이 사실이므로, 본당신부, 고백신부, 강론신부들은 자주 열성을 다해서 그리스도의 백성을 교훈하여 이렇게 신심 많고 유익한 습관을 기르도록 격려해야 한다.(37항)

훈령은 또한 영성체는 우리를 일상의 허물과 범죄에서 지켜주는데, 영성체를 위한 준비로 합당한 통회가, 경우에 따라서는 고해 성사가 중요하다고 하였습니다. 여기서 볼 수 있는 것처럼 각 미사는 중죄가 아닌 가벼운 죄들을 사해 주는 하나의 작은 고해 성사와 같습니다. 왜냐하면 미사의 도입 부분엔 참회의 예절이 있는데, 이때 사제가 고해 성사에서와 같이 사죄경을 외우기 때문입니다. "전능하신 하느님, 저희에게 자비를 베푸시어 죄를 용서하시고 영원한 생명으로 이끌어 주소서."(「미사통상문」). 물론 미사 자체가 고해성사를 대신할 수는 없지만, 말씀 드린 것처럼 대죄가 아닌 소죄의 경우에 죄를 사하는 역할을 할 수 있다는 말입니다.

교회법

1983년에 반포된 「교회법」의 성체에 관한 규정은 다음과 같습니다.

- 성체를 개인적으로 보존하고 휴대하는 관습을 금한다.(935조)
- 성체가 보존되는 성당은 중대한 이유가 없는 한, 매일 적어도 몇 시간 동안은 신자들의 성체조배를 위해 개방되어야 한다.(937조)
- 성당과 경당들에서는 매년 적당한 기간 동안 비록 연속적이 아니라도 장엄한 성체 현시現示가 권장된다.(942조)
- 교구장의 판단에 따라, 가능한 곳에서는 특히 그리스도의 성체와 성혈 대축일에 성체께 대한 공경의 공적 증거로

공공 도로에서 성체 거동 행렬을 하여야 한다.(944조)

- 사제들이 자주, 더 나아가 매일 성찬을 거행하기를 권장한다. 사제들은 사목적인 필요 외에는 하루에 한 번 성찬을 합당한 기도로 준비하여 거행함을 원칙으로 한다. 이 경우, 사제는 정당하고 합리적인 이유 없이는 신자들이 함께하지 않은 채 홀로 성찬을 거행해서는 안 된다.(904-909조)

이제 공의회의 개혁 작업을 바탕으로 바야흐로 성체 신심은 그 균형을 찾아가는 듯 합니다. 특히 제2차 바티칸 공의회 이후 세계성체대회는 교황을 비롯한 주교단, 성직자와 평신도 전체의 일치를 드러내는 공동체적인 사랑의 만찬인 성체 성사를 기념하는 모임으로 부각되고 있습니다.

변화하는 교회 안에서

가톨릭교회는 이천 여 년의 역사를 가지고 있으며, 이 역사는 여느 인간사人間事처럼 긍정적인 면과 부정적인 면을 지니고 있습니다. 교회는 '거룩한 교회' 이지만 동시에 '죄 중에 있는 교회' 이고, '성인들의 교회' 이면서도 '죄인들의 교회' 입니다. 정확하게 말하자면 우리 교회는 '죄인들의 거룩한 교회' 라고 할 수 있습니다. 이는 우리 교회 공동체가

'거룩한 하느님'을 믿는 '나약한 인간'의 모임임을 드러내는 것이고, 그러기에 교회는 역사 속에서 많은 잘못을 범하기도 했다는 것을 뜻하기도 합니다. 성 요한 바오로 2세 교황님은 이러한 교회의 역사적 과오를 공식적으로 처음 인정하고 그에 대한 인류의 용서를 구하셨지요.

이렇게 파란만장한 교회의 역사 속에서 성체 성사의 거행과 그에 대한 이해와 공경도 많은 변천을 겪어왔습니다. 그리고 그 속엔 긍정적인 면과 함께 부정적인 면도 있었음을 인정하지 않을 수 없습니다. 하지만 교회의 역사가 과오와 허물에도 불구하고 발전하여 왔듯이, 성체에 대한 공경의 역사도 이상적인 방향으로 발전되어 온 듯합니다. 그럼에도 분명한 사실은 현재 우리 교회가 실천하고 있는 성체 성사에 대한 거행과 그에 대한 공경의 모습이 결코 전부일 수 없다는 사실입니다. 그것은 결코 완성되어 고정된 것이 아니라 발전 중에 있는 것이고, 발전 중에 있는 것이기에 변화되어야 할 성질의 것이지요. 물론 이러한 변화는 본질과 정통성을 잃고 퇴보하지 않으면서 진행되어야 합니다.

우리 교회는 중세와 근대를 거치면서 행해 왔던 식민지 주입 방식의 선교 활동을 반성하면서 복음 전래에 대한 토착화 작업의 중요성을 절실히 깨달았습니다. 교회는 전례에 있어서도 토착화 작업을 비롯한 쇄신의 노력을 게을리 하지 말아야 하며, 이에는 미사전례도 예외일 수가 없습니다. 미사성제는 공동체의 사랑의 만찬으로서의 성체 성사가 거행되는 자리이며, 공동체는 끊임없는 자기 개혁을 필요로 하는 인간들의 모임이기 때문입니다.

신앙 생활의 원천이 되는 사랑의 성사

2021년 9월 헝가리 부다페스트에서 열린 제52차 세계성체대회에서 프란치스코 교황님은 "성체는 여기 있는 우리에게 그리스도께서 누구신지 알려 주고 있다."고 하시며 "성체는 그저 말뿐이 아니라 쪼개진 빵, 십자가에 못 박히며 우리에게 사랑을 나눠 주신 그리스도를 구체적인 방법으로 보여 주는 표지"라고 강조하셨습니다.(가톨릭신문 2121년 9월 19일자, 1면, '주님 닮으려면 성체 앞에서 더 많이 기도해야"). 그리스도인의 신앙 생활은 크게 성사 생활과 기도 생활로 나눌 수 있는데, 이러한 신앙 생활의 원천은 성체 성사에 있습니다. 그것은 성체 성사야말로 사랑의 그리스도를 가장 잘 보여 주는 성사이기 때문입니다.

우리에 대한 사랑으로 모든 것을 다 바치신 예수 그리스도께서는 당신 자신을 우리 삶에 꼭 필요한 양식과 음료로 내어 주심으로써 우리와 신비로운 일치를 성령의 활동 안에서 이루고자 하십니다. 우리는 성령을 신뢰하며 늘 감사하는 마음으로, 또 성의 있게 준비된 상태에서 성체를 영하고 성체 성사적인 삶, 곧 서로 나누는 사랑의 삶을 가꾸어 나가야 합니다.

어느 연로한 수녀님께서 첫 서원 금경축일을 지내며, 50여 년 수도 생활을 하면서 가장 기쁘고 고마웠던 일은 매일 미사에 참례할 수 있었던 것이라는 말씀을 하셨습니다. 매일의 성체 성사에서 당신 삶의 활력을 길어 낼 수 있었다는 말씀이었습니다. 이렇듯 성체 성사는 하느님께서 우리를 참으로 사랑하신다는 것을 극적으로 드러내고 증거하는 사랑의 성사라 할 수 있습니다. 매일 매일, 또는 매주마다 하느님과 하나가 되고, 또 그분의 사랑을 그렇게 가까이 느낄 수 있다면 얼마나 좋겠습니까? 바로 여기에 천주교 신자가 된 남다른 보람이 있지 않을까요?

여섯째 글

하느님 우야꼬예?

사도신경에서는 뭐라꼬 카는데예?

/1

신앙의 요약인 신경

신앙이란?

우리는 하느님을 믿습니다. 그런데 우리는 그저 단순히 무엇인가를 믿지 않고, 구체적으로 '하느님의 계시' 를 믿습니다. 즉 우리의 신앙은 하느님께서 자신을 알려 주시는 계시를 받아들이고, 또 그 계시에 인간으로서 인격적인 응답을 드림을 말합니다.

신앙은 우리 인간이 하느님과 인격적인 관계를 맺고, 하느님과 일치를 이루기 위해 갖추어야 하는 기본적인 자세를 그 내용으로 합니다. 따라서 우리 그리스도인은 하느님께 향하는, 하느님과 인격적인 관계를 맺기 위한 신앙인으로서의 기본적인 자세에 당연히 관심을 기울여야 합니다.

안타깝게도 일찍 세상을 떠나신 차동엽 신부님은 저서 『사도신경』에서 "믿음이란 무엇인가? 하느님을[Deum] 믿고, 하느님에게[Deo] 믿고, 하느님께로[in Deum] 믿는 것이다."라는 성 아우구스티노의 말을 인용하면서 다음과 같은 말씀을 하셨습니다.

나는 이를 믿음 정식이라 부르고 싶다. 이 문장은 믿음의 핵심을 전달하고 있다.

우선, '하느님을' Deum 믿는다는 것은 믿음의 대상이 하느님이라는 뜻이다. 곧 하느님의 존재를 믿고, 하느님의 성품과 구원경륜을 믿는 것을 뜻한다. 이는 우리가 상식적으로 생각하는 믿음이다.

그 다음의 '하느님에게' Deo 믿는다는 말에 심오한 뜻이 서려 있다. 여기서 라틴어 '데오' Deo는 하느님을 뜻하는 명사 '데우스' Deus의 3격 변화형이다. 영어로 'to God'에 해당된다. 직역하면 '하느님에게'가 되겠으나, 이는 전적으로 하느님의 초대와 인도하심을 전제로 한 표현이다. 즉 하느님께서 주도권을 가지시고 우리를 믿음으로 초대하셨기 때문에 우리가 '그분께로 향하여' 믿는다는 뜻이다. 결과적으로 이 표현은 믿음의 근원이 바로 하느님이라는 사실을 함축한다고 볼 수 있다.

마지막으로, '하느님께로' in Deum 믿는다는 것은 전적으로 '하느님께 올인' 한다는 뜻이다. 여기에는 "나는 하느님을 온전히 신뢰하고 의탁한다."는 고백이 담겨 있다.(34-35쪽)

하느님의 선물이요 은총인 신앙

'믿는다는 것' 이 결국 우리 신앙인을 결정짓도록 하는 중요한 열쇠가 됩니다. 그런데 하느님께 대한 신앙은 근본적으로 하느님께로부터 오는 것이라는 게 우리 교회의 가르침이지요. 먼저 하느님께서 우리에게 자기 자신에 대하여 알려 주시기 때문에 우리가 하느님을 믿을 수 있다는 말입니다. 우리 유한한 인간이 무한하신 하느님을 알 수 있는 것은 하느님께서 먼저 손길을 뻗치시고, 당신 자신을 우리에게 알려 주시기 때문이지요. 이러한 의미에서 결국 신앙은 '은총' 인 것입니다!

신앙과 계시

하느님과 우리 인간 사이에 길이 있다면, 그 길은 두 가지로 이해될 수 있습니다. 즉 하느님께서 우리에게 오시는 계시의 길과, 우리 인간이 하느님께 나아가는 신앙의 길입니다. '계시에 대한 응답이 신앙' 이므로, 우리 인간은 하느님께서 먼저 다가오시는 그 계시의 길을 신앙으로 따라 걷는다고 할 것입니다.

계시 중의 계시가 바로 우리 주 예수 그리스도이십니다. 길이요 진리요 생명이신 예수 그리스도를 통해서 우리는 하느님을 만나고, 또 그분을 믿음으로써 하느님께 나아가는 것입니다. 하느님께서는 당신의 외아들 예수 그리스도를 우리에게 보내 주시고, 그분을 우리에게 계시하심으로써 우리 인간에게 다가오십니다. 그러므로 우리 인간은 결국 하느님의 계시에 응답하는 신앙, 곧 '예수 그리스도께 대한 신앙' 을 통해서 당신 자신을 알려 주시는 하느님을 만나게 되는 것입니다.

신앙의 과제적인 측면

하느님께 대한 신앙은 우리 인간에게 은총으로 주어집니다. 그러나 그냥 무의미하게 주어지는 것이 아니라 어디까지나 하나의 '과제' 로 주어지는 것입니다. 신앙은 우리에게 주어진 그 상태 그대로 머무는 것이 아니라 우리가 계속 키워나가야 하는 성격의 것이기 때문입니다. 그러므로 우리는 우리 자신이 받아들인 그 신앙을 진실로 살아야 하고, 또 더 키워나가야 합니다.

신앙은 한 번 받았다고 해서 다 되는 것이 아닙니다. 끊임없이 응답해 나가야 하는 것이 신앙이지요. 신앙은 선물이면서도 일종의 숙제요 과제입니다. 우리는 신앙의 이러한 과제적인 측면에 주목해야겠습니다! 우리들은 결국 '하느님의 은총' 에 대하여 '끊임없는 응답' 으로 구원을 받게 될 것이고, 반대로 하느님의 은총에 대하여 '끊임없는 거절' 로 멸망하게 될 것이니까요!

하느님의 말씀을 듣고 기도함으로써 우리의 신앙은 꾸준히 성장합니다. 우리가 신앙 안에서 살고 성장하고 마지막까지 한결같으려면 하느님의 말씀으로 신앙을 키워야 하고, 신앙의 시련 가운데 주님께 기도해야 합니다! 우리는 이 세상을 살면서 숱한 어려움과 시련의 시간을 겪게 되겠지요. 그럼에도 불구하고 우리는 이를 신앙의 힘으로 극복할 수 있습니다. 이 지상에서부터 천상의 기쁨을 미리 맛보게 하는 것이 신앙이기 때문입니다.

신앙의 요약인 신경

그리스도인들이 고백하는 신앙을 요약해 놓은 것이 있습니다. 그것을 '신경'信經이라고 합니다. 이는 무엇보다도 세례를 원하는 예비 신자들을 위한 것이었습니다. 이를 '크레도' Credo라고도 부르는데, 그것은 신경의 첫마디가 라틴어로 '크레도', 곧 '나는 믿는다' 라는 말로 시작하기 때문입니다.

신앙인의 징표인 신경

신경을 또한 '심볼라 피데이' Symbola fidei, 곧 '신앙의 징표 상징 특징들' 이라고도 부릅니다. 여기서 '심볼라' Symbola란 원래 그리스어로 '깨뜨린 물건의 반쪽', 즉 '신원 확인을 위한 증표' 로 제시되던 것을 말합니다. 이러한 의미에서 신경은 '신앙인들 사이의 확신과 일치를 표시' 하는 것으로서 교회가 믿는 '신앙의 핵심과 진수' 를 다 담아낸 것이라 할 수 있습니다. 그러므로 이 신경은 우리 신앙과 교리 교육에서 첫째가는 근본 기준이 됩니다.

신경의 유래

가장 오래된 신경은 세례 때 문답식으로 주고받던 신앙의 요약문으로, "천지의 창조주, 전능하신 하느님을 믿습니까?" 라는 물음에 "믿습니다!" 라는 대답으로 시작하는 신앙 고백문이었습니다. 이것이 차츰 세련되게 개작되어 5세기 말에는 미사 중에도 사용되었는데, 이를 '로마신경' 이라고 합니다. 이 신경은 신앙을 확증하는 근거로 사용되었고, 예비 신자들의 교육을 위한 기준으로도 쓰였습니다. 예비 신자들은 신경의 내용을 반드시 암기하고 그러면서도 그에 대한 비밀을 지켜야 했는데, 그것은 신경이 매우 신중하게 다루어야 할 그리스도교의 핵심 신비를 담고 있기 때문이었습니다. 이 로마신경은 후기에 나타나는 사도신경을 비롯한 모든 신경의 원형과 같은 구실을 하게 됩니다.

이단과의 논쟁에서 발전한 신경

교회 안에 여러 신경들이 전해 오고 있는데, 이렇게 다양한 신경들은 각기 그 시대의 '이단으로부터 그리스도교를 보호' 하려는 노력에서 나온 것입니다. 신경은 이렇게 이단에 대한 논쟁의 과정에서 비롯한 것이기에, 그 이단을 반박하는 신앙의 참된 내용들을 요약해서 담은 것이 그 특징이라고 할 수 있습니다. 우리가 믿고 있는 교리도 이단과의 논쟁 속에서 발전해왔음이 사실이고, 그런 면에서 '교리를 요약한 신경' 도 역시 이단의 문제를 해결하는 과정에서 발전해 온 측면이 있는 것이지요.

/2

창조주이신 하느님

"전능하신 천주성부 천지의 창조주를 저는 믿나이다"

오늘날 신경의 의미

그리스도의 이름으로 세례를 받은 '그리스도인'은 자신의 삶을 예수 그리스도의 가르침에 내어 맡긴 사람들이라 할 수 있겠습니다. 예수 그리스도의 가르침은 한마디로 우리에게 영원한 생명을 약속하고 주는 가르침이라 할 것인데요, 그 가르침 중에서도 그야말로 중요하고 표준적인 가르침을 담고 있는 것이 바로 신경입니다. 교회는 신앙을 가지고 "신경을 외우는 것은 성부, 성자, 성령과 일치를 이루는 것이며, 우리에게 신앙을 전해 주고 그 품 안에서 우리가 믿는 온 교회와 일치를 이루는 것이기도 하다."(『가톨릭교회교리서』 197항)라고 가르치고 있습니다.

우리가 신경으로써 신앙을 고백하는 것은 그리스도의 가르침을 고백하는 것이고, 그것은 곧 우리 신앙의 내용에 대한 믿음과 희망과 사랑의 표현입니다. 암브로시오 성인의 말씀대로 신경은 "영적인 인장이고, 우리 마음의 묵상이며, 늘 현존하는 보호이고, 우리 영혼의 보물임이 확실" 합니다.

우리에게 생명을 약속하고 또 생명을 줄 수 있는 이러한 신경을 기쁘게 받아들여야 하겠습니다. 신앙고백 때나 로사리오 기도를 바칠 때 신경을 외우는 것 자체가 훌륭하고 완벽한 기도라는 생각으로 바치면 좋겠습니다.

말씀에 의한 창조

사도신경에서 바치는 첫 신앙고백은 '창조주이신 하느님' 께 대한 것입니다. 먼저 '믿는다' 는 라틴어 '크레도' Credo 에 전치사 '인' in이 들어있음에 주목할 필요가 있습니다. "나는 하느님을 믿는다" Credo in Deum는 말은 "나는 하느님을 (그저) 믿는다" "나는 하느님의 존재를 믿는다" "나는 하느님이 계시다는 사실을 믿는다" Crede Deum는 말이 아니라 "나는 오직 하느님만을 믿는다" "나는 하느님을 온전히 신뢰하고 의탁한다" Crede 'in' Deum는 것입니다. 내가 이렇게 믿는 하느님이시니 그분을 전능하시다 하고, 또 하느님께서 전능하신 분이기에 당연히 세상을 창조하실 수 있는 분이라 고백하는 것입니다.

하느님을 창조주로 잘 묘사하고 있는 성경이 '창세기' 입니다. 그런데 창세기는 하느님께서 세상을 창조하시되 '당신의 말씀으로' 하셨다고 밝히고 있습니다. 이는 하느님께서 이미 있던 어떠한 재료를 사용함이 없이, 그야말로 아무것도 없던 상태에서 세상을 만드셨다는 말입니다. 그래서 창세기 본문은 창조를 뜻하는 동사부터 특별한 동사를 사용하고 있습니다. 즉 하느님의 창조를 나타낼 때에 (하느님께서 직접 주체가 되어서 세상을 있게 하셨음을 드러내기 위해) 피조물인 우리 사람이 일하고 무엇을 만드는 것을 뜻하는 동사들abad, asah과는 전혀 다른 동사bara를 사용하고 있습니다.

창조의 이유

"하느님께서 세상을 창조하신 이유는 무엇입니까?" 이 질문에 대해 어떤 답을 할 수 있을까요? 하느님께서는 자신에게 무엇이 부족하셔서 세상을 창조하셨을까요? 혹 하느님께서 세상을 창조하지 않으면 안 될 무슨 필연적인 이유라도 있었을까요? 아니면 유출설流出說의 주장대로, 선하신 하느님에게서 자연스럽게 흘러나와 이루어진 것이 창조일까요? 그리스도교적인 해답은 무엇일까요? 하느님께서는 사랑이 충만한 분이시기에 당신의 사랑을 나누어 주기 위해서 세상을 창조하셨다는 답 이외에, 어떤 답이 설득력 있을까 싶습니다. 그야말로 하느님의 자유로운 사랑에서 이루어진 것이 창조요, 하느님께서 당신의 크신 사랑을 드러내시는 것이 창조 아니겠습니까!

덧붙여, 하느님께서 세상과 함께 이성과 자유 의지를 지닌 인간을 창조하신 이유는, 하느님께서 당신의 사랑을 인간과 함께 나누기 위해서 아닐까요? 하느님께서 인간을 인격을 갖춘 존재로 창조하신 것은, 하느님께서 그 인간을 당신과 대화를 나눌 수 있는 파트너로 창조하신 것이라는 말입니다. 그러기에 창조주이신 하느님을 믿는다고 고백하는 우리는, 우리를 창조하신 하느님의 충만한 사랑에 대해서 응답 드리는 삶을 살아야 합니다.

창조의 의미

창조의 이유에서 살펴 보았듯이, '창조'는 하느님 사랑의 실천이자 표현이라고 할 수 있습니다. 즉 하느님께서 사랑하시는 것이 바로 창조이고, 하느님의 사랑을 드러내는 것이 바로 창조라는 것입니다. 그러므로 창조로 드러난 것은,

하느님께서 참으로 사랑이 충만하신 분이라는 사실입니다.

『가톨릭교회교리서』는 "한 처음에 하느님께서 하늘과 땅을 창조하셨다."는 말로 시작하는 창세기의 말씀이 다음 세 가지의 사실을 말하고 있다고 가르치고 있습니다.(290항)

- 첫째, 영원하신 하느님께서는 당신 이외의 모든 것을 비로소 존재하게 하셨다. 곧 존재하는 모든 것은 하느님께서 존재하게 해 주셨기에 존재하고 있다.
- 둘째, 하느님 홀로 창조주이시다. 곧 세상을 창조하신 하느님은 오직 우리가 믿는 그 하느님밖에 없다.
- 셋째, 존재하는 것 전체는 그것들에게 존재를 주시는 하느님께 달려 있다. 곧 모든 존재는 자신들을 존재하게 하시는 하느님 덕분에 존재하고 있다.

창조는 하느님의 영광을 위해서?

한편 제1차 바티칸 공의회 「교의 헌장」은 "세상은 하느님의 영광을 위하여 창조되었다."(3025)고 하였습니다. 이 말은 (하느님께서 당신의 영광을 더하기 위해서 세상을 창조하신 것이 아니라) 당신의 영광을 피조물, 특히 인간과 나누시기 위해서 세상을 창조하셨다는 뜻입니다. 즉 하느님께서 하시는 일은 모두 옳은 일이고 당신께 영광이 되는 일일 터이니, 세상을 창조하신 일도 결국 하느님의 영광을 위해서라고 할 수 있다는 말입니다.

『가톨릭교회교리서』에 의하면, "세상은 하느님의 영광을 위하여 창조되었다."는 것은 성경과 성전이 끊임없이 가르치고 찬미하는 진리입니다.(293항 참조). 이를테면, 보나벤투라 성인은 "하느님께서 만물을 창조하신 것은 당신의 영광을 더하기 위해서가 아니라 그 영광을 드러내고 나누시기 위해서"라 하셨고, 토마스 데 아퀴노 성인은 "사랑의 열쇠가 만물을 창조할 손을 열었다." 고 하신 것이지요. 결국 하느님께는 당신의 사랑과 선하심 이외에 창조를 위한 다른 이유가 없다는 것입니다.

교회의 가르침에 의하면 "하느님께서는, 당신의 행복을 더하기 위해서도 아니고, 당신의 완전을 획득하기 위해서도 아니라 당신의 창조물들에게 부여하신 선을 통하여 당신의 완전함을 드러내시기 위하여, 가장 자유로운 계획안에서, 모든 것을 한 번에, 한 처음에, 유형무형의 피조물 하나하나를 무에서 창조하셨습니다."(DS 3002). 결국 하느님의 선하심을 드러내고 나누시는 것이 바로 하느님의 영광이므로, 세상은 하느님의 영광을 위하여 창조된 것이라는 말입니다. 이러한 의미에서 창조의 궁극적인 목적은 "하느님께서 당신의 영광을 드러내시고 동시에 우리 인간의 행복을 돌보시는 것"이라 하겠습니다.(「선교 교령」 2항; 『가톨릭교회교리서』 294항 참조)

창조주 하느님께 대한 신앙을 고백할 때마다, 우리를 내신 하느님의 크신 사랑에 감사하고 그분의 영광을 드러내면서 행복하게 살아가기를 새롭게 다짐해야 하겠습니다.

천사 공경에 대하여

우리는 창조주이신 하느님께서 영적 존재도 창조하셨음을 믿고 있습니다. 그런데 오늘날 천사에 대해서는 믿지 않는 사람이 적지 않은 듯합니다. 하지만 '천사의 존재'는 우리 신앙의 진리에 해당합니다. '케루빔'과 '세라핌' 등 천사의 계급에 관한 것과 우리 개개인을 보호하는 '수호천사'가 존재한다는 것 등은 꼭 믿어야 할 교리는 아니지만 천사 자체가 존재한다는 것은 꼭 믿어야만 하는 중요한 교리입니다.

교회 내에서의 천사에 대한 공경은 4세기에 동방 교회에서 먼저 ('미카엘 대천사' 에 대한 공경으로) 시작되었습니다. 물론 이때 교회는, 신자들이 천사를 공경할 수는 있으나 그로인해 하느님에 대한 흠숭이 약화되거나 천사가 하느님보다 위에 놓여서는 안 된다는 것을 분명히 하였습니다.

교회가 천사의 존재를 정식 신앙 교리로 선언한 것은 제1차 바티칸 공의회1869-1870에서였습니다. 여기서 교회는 하느님이 물질 세계와 영적 세계, 즉 세상과 천사를 동시에 창조하였다고 고백하였던 것입니다. 그러면서 공의회는 '마귀' 혹은 '악마' 들은 일찍이 하느님으로부터 선한 천사로 창조된 존재이며, 그들은 본질적으로는 선한 존재였으나 자신의 자유 의지로 하느님에게 대항하여 타락하였다고 가르쳤습니다.

그러면 교회는 무엇을 천사라고 부르고 있는 것일까요? 천사는 하느님의 피조물로서 인간보다 우위에 있는 영적인 존재를 말합니다. 하느님에 의해 창조된 영적인 존재들 중에 하느님에 의해서 임무를 받고 파견된 심부름꾼이자 전령을 천사라고 칭합니다.

구약 성경에는 천사가 등장하는 이야기가 많습니다. 예를 들자면 이집트를 탈출한 이스라엘을 광야에서 지켜주며 그 길을 이끄는 존재를 천사로 표현하는데, 이렇게 천사는 인간을 능가하면서 하느님 가까이 있는 존재로서 하느님으로부터 파견된, 하느님과 인간 사이를 중개하는 하느님의 심부름꾼으로 나타납니다.

천사를 가리키는 말은 히브리어로 (213번이나 사용된) '말락' Malak 인데, 이는 '사자' 使者, 곧 명령이나 부탁을 받고 심부름 하는 사람 또는 '하느님의 말씀과 뜻을 전하는 자'를 뜻하였습니다. 그래서 이 단어는 예언자나 사제를 가리키는 말로도 사용되었고, 하느님의 천상 메시지를 전달하는 역할을 수행하는 '천사' 라는 의미로도 쓰였습니다. 그런데 이 '말락' 이 라틴어로 번역되면서 '인간의 전달자' 인 '눈씨우스' nuntius 전령와 '하느님의 천상 전달자' 인 '안젤루스' angelus 천사로 구별하여 사용되었습니다. 신약 성경의 대표적인 천사로는 성모 마리아께 나타나 구세주의 잉태를 알린 '가브리엘 천사' 를 들 수 있습니다.

수호천사와 천사공경의 의미

이스라엘은 바빌론 유배를 겪고 난 이후, 페르시아와 그리스, 로마 문화와 종교의 영향을 받아 천사에 대한 관념을 더 풍부하게 가지게 되었습니다. 그리하여 '착한 천사'와 '악한 천사', 즉 '천사'와 '악마'의 구별이 생겨나게 되었고, 개인이나 도시나 나라의 '수호천사'라는 개념도 발전하게 되었습니다. 그러나 이러한 천사에 대한 믿음은 당시 사람들에게 한결같은 믿음으로 받아들여지지는 않았습니다. 이를테면, 예수 그리스도께서 강생하시기 바로 이전 시대의 사두가이들은 천사를 부정하였지만, 바리사이들과 에세네들은 천사를 믿고 있었던 것입니다.

한편 앞에서 설명 드린 대로, 제1차 바티칸 공의회는 천사의 존재에 대해서 정식 교리로 선포하였지만 '수호천사의 존재'에 대해서까지 신자들이 꼭 믿을 교리로 제시하지는 않았습니다. 그렇지만 많은 신자들이 수호천사에 대한 믿음을 지켜왔고, 수호천사께 대한 다음의 기도도 계속 바쳐왔습니다. "저를 지켜 주시는 수호천사님, 인자하신 주님께서 저를 당신께 맡기셨으니, 저를 비추시고 지켜주시며 인도하시고 다스리소서. 아멘."

이렇게 교회가 하느님의 구원사업에 동참하신 천사들을 공경하는 것은, 하느님의 구원은혜에 대한 믿음과 감사, 그리고 유혹과 시련의 세상살이 가운데에서 하느님의 보호에 대한 끝없는 신뢰를 드러내고 있습니다.

부디 천사같이 살아가시고, 형제자매들에게 천사같은 님들이 되어 주십시오! 사람에 대한 가장 아름다운 찬사는 '천사같은 사람'이 아닐까요? 그리스도인이란 바로 서로에게, 또 세상 사람들에게 천사가 되어 주는 사랑의 사람일 것입니다.

/3

구원주이신 하느님: 인간창조의 목적과 의미

"전능하신 천주성부 천지의 창조주를 저는 믿나이다"

인류구원과 창조의 관계

> 창조는 '구원을 위한 하느님의 모든 계획'의 기초이며, 그리스도 안에서 절정에 이르는 '구원 역사의 시작'입니다. …… 한처음부터 하느님께서는 그리스도 안에서 이루어질 새로운 창조의 영광을 의중에 두셨던 것입니다.(『가톨릭교회교리서』 280항)

하느님께서 무無에서 만물을 창조하셨다는 진리는 구원하시는 하느님께 대한 믿음으로 우리를 이끌고, 또 그러하신 하느님께 대한 우리의 믿음을 더 확실하게 해 주고 있습니다. 무에서부터 만물을 창조하실 수 있는 하느님이시니 어떠하실까요? 얼마든지 죄인들에게 용서를 베풀고 그들을 구원하실 수도 있는 하느님 아니겠습니까! 또 죽은 이들을 다시 존재하도록 하실 수도 있는 하느님, 곧 그들을 부활시킬 수도 있는 하느님 아니겠습니까! 또한 당신을 모르는 사람들에게 얼마든지 신앙의 빛을 줄 수도 있는 하느님 아니겠습니까!

창조주 하느님께 관한 인간의 인식과 신앙

교회는 "인간의 지성이 이미 기원에 대한 답을 찾아낼 수 있는 능력을 가지고 있다는 것은 확실하다. 사실 창조주 하느님의 존재는, 비록 종종 모호하거나 오류로 왜곡될 수도 있지만, 인간 이성의 빛의 도움으로 하느님의 업적을 통하여 확실히 알 수 있다."(『가톨릭교회교리서』 286항)고 말합니다. 즉 우리가 하느님이 어떤 분인지 확실히 알 수는 없지만, 그분께서 참으로 계시다는 것은 확실히 알 수 있다는 것입니다! 우리가 이렇게 하느님의 존재를 인식함에 있어서 올바로 이해할 수 있도록 우리의 이성을 비추어 주고 견고하게 하는 역할을 하는 것이 바로 신앙입니다. 즉 신앙은 인간 이성의 사용을 도와주는 역할을 하는 것이지요. 바오로 사도는 "믿음으로써, 우리는 세상이 하느님의 말씀으로 마련되었음을, 따라서 보이는 것이 보이지 않는 것에서 나왔음을 깨닫습니다."(히브 11,3)라고 하였습니다. 즉 우리가 하느님을 믿을 때, 그분께서 세상을 창조하셨음을 깨닫게 된다는 말씀이지요.

창조의 계시와 섭리

창조는 구원을 위한 계약의 첫걸음이며, 하느님께서 우리 인간을 얼마나 사랑하시는지를 잘 드러내는 첫째가는 증거가 됩니다. 창세기에서, "하느님께서 창조하신 것을 보시니 좋았다."라고 말하고 있듯이, 하느님께서 창조하신 세상은 완벽하게 창조된 것이고, 그래서 세상 모든 것은 나름대로 하느님의 완전성을 보여 주고 있습니다.

하지만 우리 교회는 하느님께서 이 세상을 '완결된 상태'로 창조하신 것으로 보지 않습니다. '하느님께서 친히 창조하신 세계를 끊임없이 보살피고 이끄신다는 것', 곧 '세상 만물이 하느님의 섭리에 맡겨져 있다는 것' 이 교리의 내용입니다. 여기서 하느님의 '섭리' 라는 말은 만물을 창조하신 하느님께서 만물 안에 계시고 또 만물을 초월하여 계시면서 완성으로 이끄신다는 것을 뜻합니다. 그러므로 "하느님의 섭리에 맡긴다."는 말은, 하느님께서는 세상 만물을 창조하고 다스리시는 분이시니, 당신께서 원하시는 대로 세상만사를 잘 이끌어 가실 것을 믿고 희망한다는 말입니다.

하느님께서 악을 허락하시는 이유

교회의 가르침에 의하면, "하느님께서는 당신 피조물의 자유를 존중하여 악을 허락하시는 것이며, 신비로운 방식으로 악에서 선을 끌어내십니다."(『가톨릭교회교리서』 311항). 우리 인간의 자유를 존중하시기 때문에 악을 허락하고 계시지만, 그 악에서마저 선한 결과가 나오도록 배려할 수 있는 분이 하느님이시라는 것입니다. 같은 맥락에서 성 아우구스티노도 말씀하셨지요. "전능하신 하느님께서는 최상의 선이시므로, 만일 악에서 선을 이끌어 내실 충분한 능력과 선을 가지고 계시지 않다면, 당신의 피조물들 안에 어떠한 악도 존재하도록 방치하지 않으실 것이다."

구약 성경에서 하느님께서 악을 방치하시지만 그 악에서 선을 이끌어내시는 잘 알려진 이야기가 있습니다. 형제들의 시기로 이집트로 팔려갔으나 훗날 이집트의 재상이 된 요셉의 이야기이죠. 요셉이 형제들에게 했던 말이 그 좋은 예가 되겠습니다.

그러나 이제는 저를 이곳으로 팔아넘겼다고 해서 괴로워하지도, 자신에게 화를 내지도 마십시오. 우리 목숨을 살리시려고

> 하느님께서는 나를 여러분보다 앞서 보내신 것입니다. ……
> 그러니 나를 이곳으로 보낸 것은 여러분이 아니라 하느님이
> 십니다.(창세 45,5.8)

> 형님들은 나에게 악을 꾸몄지만, 하느님께서는 그것을 선으
> 로 바꾸셨습니다. 그것은 오늘 그분께서 이루신 것처럼, 큰
> 백성을 살리시려는 것이었습니다.(창세 50,20)

하느님께서 악으로부터 선을 이끌어내신 대표적인 이야기를 신약 성경에서 찾는다면, 바로 '예수 그리스도의 파스카 사건' 이겠습니다. 이제까지 우리 인류가 저지른 윤리적으로 가장 큰 악이 바로 하느님의 아들을 배척하고 살해한 일이었다고 한다면, 하느님께서는 그러한 악에서 인류 구원이라는 가장 큰 선을 이끌어 내신 셈 아닙니까!

하느님의 모상으로 창조된 인간

'사랑의 하느님께서 당신의 모습으로 사람을 창조하셨다' 는 것이 우리가 고백하는 신앙의 진리입니다. 사람이 하느님의 모습으로 창조되었다는 것은, 하느님께서 우리 인간을 모든 피조물 중에 그야말로 존엄한 존재, 고귀한

존재로 창조하셨음을 뜻합니다. 인간이 '위대한 존엄성'을 갖고 있다는 것은 세상의 모든 피조물 가운데서 오직 인간만이 창조주 하느님을 알고 사랑할 수 있는 존재라는 말이고, 인간만이 하느님을 알고 사랑함으로써 하느님의 생명에 참여하도록 부름을 받았다는 말입니다. 또한 이는 인간이 창조된 목적이기도 하고, 인간이 참으로 귀한 존재라는 인간 존엄성의 근본 이유이기도 합니다.

남자와 여자로서의 인간 창조의 의미

교회는 하느님께서 친히 원하셨기에 남자와 여자가 서로 다르게 창조된 것이라고 가르칩니다. 남자와 여자는 인격적으로는 동등한 인간이지만, 그 존재의 특성은 남자로, 또 여자로 서로 다른 것입니다. 즉 남자와 여자는 동등한 존엄성을 가지고 하느님의 모습으로 창조된 존재이지만, 동시에 남자로서, 또 여자로서 각각 서로 다른 특성을 완전성으로 지닌 존재입니다.

그런데 남자와 여자를 함께 창조하신 하느님께서는 남자와 여자, 이 둘이 서로를 위한 존재가 되기를 원하셨습니다. 창세기 2장에 하느님께서 "사람이 혼자 있는 것이 좋지 않으니, 그에게 알맞은 협력자를 만들어 주겠다." 하시고,

남자의 갈빗대를 뽑아서 만드신 여자를 그에게 데려다 주셨는데, 그때 남자가 사랑과 일치의 탄성을 지르는 대목이 있습니다. "이야 말로 내 뼈에서 나온 뼈요, 내 살에서 나온 살이로구나!" 여기서 남자는 여자가 자신과 동등한 인간성을 지닌 또 다른 나라는 것을 발견하였습니다. 이렇듯 남자와 여자는 서로를 위한 존재입니다. 즉 남자와 여자는 서로 인격적으로 일치하도록 창조된 존재입니다.

남자와 여자는 서로 일치하여 서로가 서로에게 도움이 되어야 하는 존재임을 늘 잊지 말고 지내는 형제자매들, 또 부부들이시기를 바랍니다!

/4

그리스도의 이름과 칭호, 그리고 강생

"그 외아들 우리 주 예수 그리스도님을 저를 믿나이다"

'예수' 라는 이름의 뜻

주님 탄생 예고 때에 천사 가브리엘이 명한 '예수' 라는 이름은 히브리어로 "야훼, 곧 하느님이 구원하신다."는 뜻을 갖고 있습니다. 이 이름은 우리나라의 '철수' 처럼 당시 흔한 이름이기도 했지만, 예수 그리스도의 신원과 사명을 동시에 나타내는 뜻깊은 이름이기도 합니다. 즉 예수님은 그 이름대로 하느님의 아들로서 하느님과 같은 분이시고, 그분이 이 세상에 오신 이유는 우리를 죄에서 구원해 주시기 위해서라는 것입니다. 베드로 사도가 성령으로 가득 차 온 이스라엘 사람들은 들어야 한다고 하면서 이렇게 말하였습니다. "예수님께서는 '너희 집 짓는 자들에게 버림을 받았지만 모퉁이의 머릿돌이 되신 분' 이십니다. 그분 말고는 다른 누구에게도 구원이 없습니다. 사람들에게 주어진 이름 가운데에서 우리가 구원받는 데에 필요한 이름은 이 이름밖에 없습니다."(사도 4,11-12). 그러므로 우리는 예수님의 이름으로 기도를 바칠 때마다 참으로 그분께서 우리를 구원해 주시기를 청하는 것입니다.

'그리스도'라는 이름의 뜻

"야곱은 마리아의 남편 요셉을 낳았는데, 마리아에게서 그리스도라고 불리는 예수님께서 태어나셨다."(마태 1,16) 하고 성경은 전합니다. 신약 성경은 구약에서 예언된 메시아가 바로 다윗 가문에서 나신 예수 그리스도이심을 증언하고 있습니다. 여기서 '그리스도'라는 이름은 히브리어 '메시아'를 그리스어로 번역한 것으로서, '기름부음 받은 이'를 뜻합니다. 실제로 이스라엘에서는 하느님께서 주시는 사명을 위해 봉헌된 사람들에게 하느님의 이름으로 기름을 부었습니다. 즉 구약의 중요한 세 가지 유형의 인물들인 왕, 사제들, (가끔은) 예언자들이 하느님의 이름으로 기름을 받아 축성되었습니다. 그런데 하느님께서 당신의 나라를 결정적으로 세우기 위해 파견하신 분이 메시아이시니, 메시아 그분은 왕과 사제들과 예언자들보다 더 중요한 분이며, 보통의 기름이 아니라 주님의 성령으로 기름부음을 받은 분이라는 것이 구약 성경(특히 이사야서)의 가르침입니다.

'하느님의 아들' 이라는 칭호

구약 성경에서 '하느님의 아들' 이라는 칭호는 천사를 부르던 칭호이기도 했고, 선택된 백성과 (하느님께 입양된 관계로서의) 이스라엘의 자녀, 그리고 그들의 왕들을 부르던 칭호이기도 했습니다. 그런데 베드로는 예수님을 '하느님의 아드님 그리스도' 라고 고백하였습니다. 베드로가 맨 먼저 고백한, 예수님이 '하느님의 아들' 이시라는 이 신앙이 사도신앙의 중심이었습니다. 예수님의 세례 때와 변모 때에 성부께서는 예수님을 '사랑하는 아들' 이라고 부르셨고, 예수님께서는 자신을 가리켜 '하느님의 외아들' 이라고 하시면서 이 칭호를 통해서 당신께서 영원으로부터 계시는 분이심을 확언하셨지요. 그러므로 우리는 예수님의 파스카 신비를 통해, 즉 그분의 죽음과 부활을 통해 그분이 참으로 하느님의 아들이심을 믿고 고백하는 것입니다.

'주님' 이라는 칭호

'야훼' 라는 이름은 하느님께서 모세에게 계시하신 이름입니다. 그런데 이 야훼라는 이름은 존귀하신 하느님의 존귀하신 이름이었기에, 함부로 불러서는 안 되는 이름이기도 했습니다. 그래서 그리스어 역 구약 성경은 야훼를

'퀴리오스' Kyrios, 곧 '주님' 으로 번역하였고, 오늘날 우리 천주교에서 사용하는 성경에서도 그러합니다. 신약 성경은 성부를 지칭할 때 이 주님이라는 이름을 사용할 뿐 아니라 동시에 예수님께도 똑같이 사용하고 있습니다. 그러므로 예수님을 하느님으로 고백하는 대표적인 이름이 바로 '주님' 이라고 하겠습니다.

복음을 보면 사람들이 예수님을 주님이라고 부르는 것을 자주 볼 수 있습니다. 예수님께 다가가서 도움과 치유를 받고자 하는 사람들이 존경과 신뢰를 나타내었던 칭호가 '주님' 이라는 표현이었습니다. 부활하신 예수님을 뵈옵고 토마스는 "저의 주님, 저의 하느님!" 이라고 고백하였는데, 이는 단순히 칭호를 넘어 일종의 흠숭을 드러내고 있습니다. 즉 예수님을 주님으로 고백하는 것은 그분을 하느님으로 섬긴다는 것을 드러내는 것입니다.

그러면서 '주님' 이라는 칭호는 '주인' 主人이라는 뜻을 갖고 있습니다. 그러므로 우리가 예수 그리스도를 '주님' 이라고 부르고 또 고백한다는 것은, 우리 자신의 자유를 그 어떤 세력과 권위에도 종속되게 하지 않고, 오직 그분께만 종속되게 한다는 것을 뜻 하기도 합니다. 즉 더 이상 세상의 카이사르가 아니라 오직 주 예수 그리스도만을 우리의 하느님으로 섬기겠다는 말이지요. 그리스도교 기도의 특징은 이 주님이라는 칭호에 있다고 할 수 있습니다. 교회는 "주님께서 여러분과 함께"라는 말로 신자들을 기도에 초대하고, "우리 주 예수 그리스도를 통하여 비나이다."라는 말로 그 기도를 끝맺고 있기 때문입니다.

그리스도의 '강생'

"하느님의 아들이 우리 인간의 본성을 취하셔서 참으로 강생降生하셨다."는 신앙은 우리 그리스도교 신앙의 본질적인 특성으로서, '강생' 이라는 말은 하느님의 아들이 우리를 구원하시고자 우리와 같은 사람이 되신 것을 나타내는 말이며, 그 내용은 예수 그리스도께서 참 하느님이시고 참사람이시라는 것입니다. 그러면 왜 성자께서 사람이 되신 것입니까? 『가톨릭교회교리서』는 이렇게 가르칩니다.(456-460항 참조)

첫째, 성자께서는 우리를 하느님과 화해시켜 구원하시고자 사람이 되셨습니다. 예수님께서는 세상의 구원자로 오신 분이시고, 이 세상의 죄를 없애 주려고 오신 분이신 것입니다.

둘째, 성자께서는 우리에게 하느님의 사랑을 깨닫게 하시려고 사람이 되셨습니다. 하느님께서는 우리를 사랑하셨기에 당신의 아들을 보낸 것입니다.

셋째, 성자께서는 우리에게 거룩함의 모범이 되시려고 사람이 되셨습니다. 예수님께서는 "내 멍에를 메고 나에게 배워라." 하셨고, 자신을 "길이요 진리요 생명"이라고 소개하시면서, 당신을 통하지 않고서는 아무도 하느님 아버지께 갈 수 없다고 하셨으며, "내가 너희를 사랑한 것처럼 너희도 서로 사랑하여라." 하시며 사랑의 계명을 새로운 계명으로 우리에게 주셨습니다.

넷째, 성자께서는 우리를 하느님의 본성에 참여하게 하시려고 사람이 되셨습니다. 이는 우리가 하느님과 같이 된다는 것이고, 또한 하느님과 친교를 맺고, 하느님의 자녀가 된다는 것을 뜻하기도 합니다. 우리가 하느님의 본성에 참여한다는 것은 무엇보다 우리가 하느님처럼 영원한 생명을 누리게 된다는 것입니다. 성 아타나시오St. Athanasius 295?-373는 "그분은 우리를 하느님이 되게 하시려고 인간이 되셨다." 하셨고, 성 토마스 데 아퀴노는 "하느님의 외아들은 당신 신성에 우리를 참여시키시려고 우리의 인성을 취하셨으며, 인간을 신으로 만들기 위하여 인간이 되셨다." 하셨습니다.

나를 사랑하시기에 나를 구원하시려고, 나와 같은 사람이 되어 오신 주 그리스도님을 찬미하며, 그 사랑에 맞갖은 응답을 드리는 님들이 되시기를 바랍니다!

/5

마리아에 대한 신앙

"그 외아들 우리 주 예수 그리스도님, 성령으로 인하여 동정 마리아께 잉태되어 나심을 저를 믿나이다"

마리아에 대한 교리는 우선적으로 그리스도에 대한 교리

우리가 '신경에서 마리아를 언급'하는 것은 어디까지나 예수 그리스도님께 대한 신앙 고백 안에서입니다. 왜냐하면 '마리아에 관한 교리'는 마리아 자신에 대한 교리 이전에 주 예수 그리스도님께 대한 교리이기 때문입니다. 마리아는 전적으로 예수 그리스도를 향한 삶을 살았던 분이시지요. 마리아가 어떤 분이신지 제대로 알려면 그 아들 예수 그리스도에 대해 제대로 이해해야 합니다.

이러한 의미에서 교회는 "가톨릭교회가 마리아에 대하여 믿는 것은 그리스도에 대한 신앙에 기초를 두고 있으며, 마리아에 대해 가르치는 것은 또한 그리스도 신앙을 밝혀 준다."(『가톨릭교회교리서』 487항)고 말합니다. 예를 들어 특히 '성모 무염 시태'聖母無染始胎, 곧 '마리아의 원죄 없으신 잉태'에 관한 교리가 그러합니다.

마리아의 원죄 없으신 잉태 교리

마리아께서 원죄 없이 잉태되셨다는 교리는 오랜 신학적 논쟁을 거쳐 반포된 교리입니다. 마리아가 잉태되어 나실 당시 구세주이신 예수 그리스도께서 아직 세상에 오시지도 않으셨는데, 어떻게 마리아께 원죄의 사함이라는 은혜가 주어질 수 있단 말인가 라는 문제가 남아 있었던 것입니다. 그러다가 결국 "마리아는 자신이 낳게 되실 구세주의 은총을 미리 앞당겨 입으실 수 있었다."는 주장이 힘을 얻어, 교황 비오 9세 때인 1854년에 가서야 이 교리가 반포될 수 있었습니다.

이 교리는 마리아의 전 존재가 그 시작부터 구세주이신 그 아들 예수님께 속한 것이었음을, 그리고 마리아의 마음은 늘 그분께 향해 있었음을 알려 주고 있습니다. 즉 하느님께서는 마리아가 잉태된 그 순간부터 마리아와 함께 계셨고, 당신의 아들을 잉태하게 될 그 몸을 원죄에 물들지 않게 하셨으며, 마리아를 은총 속에 자라나게 하셨다는 것입니다. 마리아는 때가 되어 "저는 주님의 종입니다. 말씀하신 대로 저에게 이루어지기를 바랍니다."라고 응답하신 그 순간부터 당신의 아들 예수 그리스도를 가슴에 품고 사셨고, 자신의 삶 전체를 그분을 위하여 헌신하셨는데, 이를 우리는 마리아의 원죄 없으신 잉태 교리를 통해 잘 알 수 있습니다.

'하느님의 어머니'라는 마리아의 칭호와 승천

마리아가 '하느님의 어머니' Theotokos로 불리기 시작한 것은 3세기부터였습니다. 이는 무엇보다 오늘날까지 전해 오는 기도문으로 '일을 마치고 바치는 기도'인 '천주의 성모님 당신 보호하심에' Sub tuum praesidium라는 기도에 잘 나타나 있는데, 431년 에페소 공의회에서 공식적으로 선언되었습니다. 그런데 이 교리는 무엇보다도 마리아가 낳으신 그 아들 예수님께서 참으로 신성을 가진 하느님이심을 고백합니다. 즉 예수님이 하느님이시니까 성령에 의해서 그분을 낳으신 어머니 마리아께 '하느님의 어머니'라는 칭호를 드릴 수 있다는 것입니다.

한편 마리아의 '승천' Assumptio 교리는 1950년 교황 비오 12세 때 선포되었습니다. 이 교리는 무엇보다도 '마리아의 무죄한 잉태' 교의의 선포에 큰 영향을 받은 것으로, 마리아께서 하느님의 어머니로서 잉태되는 순간부터 마지막에 이르기까지 하느님의 은총을 충만히 받은 분이심을 드러냅니다. 또한 이는 곧 마리아께서 하느님의 영이신 성령의 은혜를 입어 하느님 곁으로 오르셨다는 것, 곧 '몽소승천' 蒙召昇天에 대한 고백이기도 합니다.

마리아 동정성과 모성의 의미

마리아의 동정성이라는 개념은 하느님의 아들이신 구세주의 강생에 있어서 '하느님께서 갖고 계시는 절대적인 주도권'을 잘 드러냅니다. 이 세상의 구원을 위하여 내려오신 예수 그리스도의 아버지는 결코 사람이 아니라 오직 하느님뿐이시라는 말입니다. 예수 그리스도께서는 신성과 인성, 두 본성을 지닌 분이십니다. 그분은 신성으로는 하느님의 아들이시고, 인성으로는 어머니 마리아의 아들이시지만 인간 아버지의 아들이 아니라 성부 하느님의 아들이심을 밝혀 보여 주는 것이 바로 '마리아의 동정성 교리'입니다.

마리아의 동정 잉태는 하느님의 자녀인 우리들의 새로운 탄생을 가능하게 하는 것이기도 합니다. 즉 우리도 성령 안에서 하느님의 자녀로 새롭게 태어나게 되는데, 주 예수 그리스도께서 성령으로 인하여 동정 마리아에게서 잉태되어 나심으로써 이러한 일이 시작된 것입니다.

하느님의 아들 성자 예수님을 낳으신 마리아께서는 또한

예수님의 형제들인 우리 신자들의 어머니이십니다. 예수님께서는 십자가상에서 요한에게 "이 분은 네 어머니시다." 하시고, 마리아께는 요한을 가리키며 "당신의 아들입니다." 하셨습니다. 마리아의 영적인 모성은 예수님께서 구원하러 오신 모든 사람들에게 미치는 것으로, 마리아께서는 하느님께서 많은 형제 가운데 맏이로 삼으신 성자를 낳으셨으며, 그 형제들인 우리들을 낳아 기르는 데 모성애로 협력하고 계십니다. 곧 마리아께서는 어머니다운 사랑으로 우리들을 낳으시고, 또 사랑으로 길러주고 계십니다.

'성령의 궁전' 이라는 마리아 칭호

"마리아께서는 '성령의 궁전' 이시다."는 표현은 마리아와 성령의 관련성을 잘 말해 줍니다. 이 표현은 마리아께서 이 세상에 있게 되는 그 첫 순간부터 성령과 함께하는 거룩하신 분이라는 고백입니다. 그런 뜻에서 '은총이 가득하신 마리아님' 이라는 호칭은 결국 '성령으로 가득하신 마리아님' 에 대한 고백입니다. 마리아께서는 처음부터 생명의 원천이신 성령과 연결되어 계신 분이었으니, 그녀의 삶은 성령과 함께하는 삶이었던 것입니다. 성령과 함께하셨기에 그분은 거룩한 분이었습니다. 하지만 마리아의 '성성' 聖性

은 결코 수동적으로, 그냥 주어진 그대로의 상태에서가 아니라 '의식적으로' 또 '능동적으로' 거룩한 삶을 사셨고, 성령과 함께하셨기에 나온 것이라 하겠습니다.

성부 하느님께서는 마리아를 성령을 모신 분으로, 자신의 거처로 만드셨습니다. 마리아께서는 자신이 성령으로 가득 차서 전적으로 변화되셨기에 그리스도를 세상에 내셨습니다. 그리고 마리아께서는 '성령의 도구'로서 다른 이로 하여금 그 성령을 모시게 하는 '성령의 전달자'Pneumatophorin이십니다.

이러한 의미에서 본다면, 마리아의 엘리사벳 방문이 '최초의 성령 강림'이었다고 할 수 있습니다. 즉 예수님께서는 성령의 도구인 마리아를 통하여 세상에 성령을 전달한 것이고, 그것은 성령이 강림하시는 첫 모습이었던 것입니다. 이렇게 마리아는 성령을 전달하는 분이시기에, 그분은 '그리스도 안에서의 인간의 변화'를 위해 가장 적합한 인물이라 하겠습니다. 즉 마리아는 인간이 '그리스도화化' 되는 데 도움을 줄 수 있는 가장 적합한 사람입니다.

로사리오 기도를 즐겨 바치는 님들이 많으실 것입니다. 어머니 마리아께서는 당신께 간구하는 이들을 눈 여겨 보시고 필요한 은혜를 얻어주실 것입니다. 성령의 짝으로서 하느님의 은총을 전해 주시는 마리아의 전구에 힘입어 조금씩 그리스도를 닮아가는 님들이시기를 소망합니다!

/6

예수님의 수난과 빈 무덤의 의미

"그 외아들 우리 주 예수 그리스도님,
본시오 빌라도 통치 아래서 고난을 받으시고 십자가에
못 박혀 돌아가시고 묻히셨음을 저를 믿나이다"

예수님께서 고난을 받으신 이유

이스라엘의 종교 지도자들은 예수님께서 딱히 율법을 어기셨다고 할 것이 없음에도 그분을 못마땅하게 생각하였습니다. 그들의 눈에 거슬린 예수님의 행동은 세리와 죄인들과 함께 먹고 마셨다는 것, 그러느라고 단식과 기도를 소홀히 했다는 것, 안식일에 밀 이삭을 뜯어 손으로 비벼 먹었다는 것, 안식일에 병자들을 고쳐 주었다는 것 정도인데 말입니다.

종교 지도자들이 특히 율법과 예루살렘 성전에서의 일 때문에 예수님을 반대하게 되었지만, 그들에게 진정으로 걸림돌이었던 것은 죄인들을 용서해 주시는 예수님의 행동이었습니다. 그런 일은 하느님만이 하실 수 있는 일이었기 때문이지요.

그런데 예수님께서 많은 사람들로부터 미움을 받으셨다고 해서 이스라엘 종교 지도자들 모두가 예수님을 반대한 것은 아니었습니다. 바리사이였던 '니코데모'나 고관이었던 '아리마태아사람 요셉' 등은 예수님의 숨은 제자들과 같은 사람들이었던 것입니다. 요한 복음서는 이렇게 말합니다.

> 사실 지도자들 가운데에서도 많은 사람이 예수님을 믿었지만, 바리사이들 때문에 회당에서 내쫓길까 두려워 그것을 고백하지 못하였다. 그들이 하느님에게서 받는 영광보다 사람에게서 받는 영광을 더 사랑하였기 때문이다.(12,42-43)

예수님 수난의 책임은 우리에게도

『가톨릭교회교리서』는 "모든 죄인이 그리스도 수난의 장본인이었다." "죄인들 자신이 하느님이신 구세주께서 겪으신 모든 고난의 장본인이었고 그 도구였다."라고 선언합니다.(598항). 나아가 교리서는 예수님의 처형에 대한 가장 중대한 책임은 유다인들이 아니라 바로 우리 그리스도인들에게 있다고 고백하고 있습니다.

우리 주 예수 그리스도께서 십자가의 형벌을 받으신 것은 우리의 죄인 만큼, 타락과 악에 빠지는 사람들은 틀림없이 마음 안에서, 그들 안에 계신 하느님의 아들을 거듭 십자가에 못 박고 욕을 보이는 것이다. 그리고 이 경우에 우리의 죄가 유다인들의 죄보다 더 크다는 것을 알 수 있다.(598항)

예수님의 자발적인 수난

"스스로 원하신 죽음이 오자", 곧 예수님께서는 자원하여 죽임을 당하셨습니다! 이는 참으로 중요한 관점이 아닐 수 없습니다. 예수님께서 수난하시고 죽으신 것은 어쩔 수 없이 당하신 일이 아니며, 불행한 상황들 때문에 생겨난 우연한 결과는 더더욱 아니라는 것입니다.

- 이는 너희를 위하여 내어 주는 내 몸이다. 모두 이 잔을 마셔라.
- 이는 죄를 용서해 주려고 많은 사람을 위하여 흘리는 내 계약의 피다.

예수님께서는 잡히시던 날 밤 열두 제자들과 식사를 하시던 중에, 자신을 자유로이 하느님께 바치신다는 사실을 아주 분명하게 표현하셨습니다. 제자들과 가진 마지막 만찬을 인류의 구원을 위하여 자신을 성부께 드리는 자발적인 봉헌의 기념으로 삼으신 것입니다.

예수님께서는 결국 수난하고 죽으시기 위해 사람이 되어 오신 것

예수님 스스로 말씀하셨습니다.

- '아버지, 이때를 벗어나게 해 주십시오.' 하고 말할까요? 그러나 저는 바로 이때를 위하여 온 것입니다. 아버지, 아버지의 이름을 영광스럽게 하십시오.(요한 12,27-28)
- 아버지께서 나에게 주신 이 잔을 내가 마셔야 하지 않겠느냐?(요한 18,11)

이러한 말씀들에 힘입어 『가톨릭교회교리서』 607항은 "예수님 생애 전체는 성부의 구원하시는 사랑의 계획을 받아들이고자 하는 원의로 가득 차 있다."고 하면서, 그것은

"속량을 위한 수난이 당신 강생의 이유이기 때문"이라고 밝히고 있습니다. 예수님께서는 결국 우리를 위해 수난하시고 죽으시기 위해서 사람이 되어 오신 것입니다.

우리의 구원을 위하여,
우리를 사랑하시기 때문에 수난하신 예수님

『가톨릭교회교리서』는 예수님께서 십자가 위에서 '모든 사람을 위한 당신 사랑의 희생제사'를 완성하셨다고 하면서, 그 제사가 지닌 가치를 다음과 같이 밝히고 있습니다.

> 이 끝없는 사랑 때문에 그리스도의 희생 제사는 속량적, 배상적, 속죄적 그리고 보상적인 가치를 지닌다. 그리스도께서는 당신 생명을 제물로 바치실 때 우리 모두를 인식하고 사랑하셨다. …… 그리스도 안에 현존하는 하느님 아들의 신적 위격은 모든 사람들을 초월하면서 동시에 모든 사람들을 품으며, 그리스도를 온 인류의 머리가 되게 하기 때문에, 그리스도의 희생은 모든 사람을 위한 제사가 된다.(616항)

교회가 봉헌하는 매일의 미사는 세상만민을 위한 그리

스도의 이러한 희생제사를 기념하고 재현하는 것이고, 또 새롭게 현재화하는 의미를 지니고 있습니다. 예수님께서 당신 사도들의 후계자들을 통하여 그 희생제사를 계속 봉헌하도록 명하셨기 때문입니다.

예수님께서는 당신 자신의 봉헌에 사도들도 포함시키시고, 그들에게 이를 계속할 것을 명하신다. 이로써 예수님께서는 당신 사도들을 새로운 계약의 사제로 세우신다. "저는 이들을 위하여 저 자신을 거룩하게 합니다. 이들도 진리로 거룩해지게 하려는 것입니다."(『가톨릭교회교리서』 611항)

예수님의 수난과 죽음은 바로 지금 이 자리의 나를 위한 것이기도 합니다! 바로 나 자신에 대한 사랑 때문에 예수님께서 그러한 고통을 겪으시기도 하셨다는 말입니다. 우리의 죄 때문에 예수님께서 십자가에 처형 당하셨음을, 그리고 지금도 우리가 죄를 지으면 예수님을 또 다시 십자가에 못 박히시게 하는 것임을 생각하면 좋겠습니다. "예수님을 십자가에 못 박은 것은 마귀들이 아니라 바로 당신이 악습과 죄를 즐김으로써 마귀들과 함께 주님을 못 박았으며, 지금도 못 박고 있는 것입니다."라는 아시시의 성 프란치스코의 말씀에 귀 기울입시다.

/7

예수 부활과 승천의 의미

"그 외아들 우리 주 예수 그리스도님, 저승에 가시어
사흗날에 죽은 이들 가운데서 부활하시고 하늘에 올라
전능하신 천주 성부 오른편에 앉으심을 저는 믿나이다"

저승에 가신 예수 그리스도

'이승'今世에 반대되는 말로 '사람이 죽어서 그 혼이 간다는 곳'을 가리키는 '저승'黃泉은 예전엔 '고성소'古聖所라고 불렀는데, 이는 옛적에, 그러니까 그리스도께서 오시기 이전에 거룩하게 살다 죽은 사람들이 있던 곳을 뜻했습니다. 예수님께서 "죽은 이들 가운데에서 되살아나셨다."는 것은 예수님께서 부활하시기 전에 죽은 이들의 거처에 머물러 계셨다는 사실을 전제 조건으로 한 표현입니다. 이러한 의미에서 예수님께서 저승에 가셨다는 말은 그분께서 참으로 우리 모든 인간과 마찬가지로 죽음을 겪으셨다는 것이고, 이는 그분께서 또한 참으로 부활하셨다는 것을 말하기 위한 표현이라고 하겠습니다.

성경이 돌아가신 그리스도께서 내려가신 죽은 이들의

거처를 저승이나 '셔올' sheol, 곧 '지옥' 地獄이라고 부른 것은, 이곳에 있는 이들이 시간적으로 아직 예수 그리스도의 구속공로를 입지 못한 사람들이어서 하느님을 볼 수 없다고 생각했기 때문입니다. 아무튼 예수님이 지옥에 떨어진 이들을 구하거나 저주받은 지옥을 파괴하기 위해서가 아니라 당신보다 먼저 간 의인들을 해방시키고자 저승에 가셨다는 교리서의 가르침이 중요합니다. 베드로 사도의 말씀대로, 예수님께서 저승에 가심으로써 죽은 이들에게도 복음이 전해지게 된 것입니다. 예수님께서 아담과 하와를 비롯한 선조들의 하느님이시만, 그들을 위해서 그들의 후손으로 태어나셨다는 말씀입니다.

사흗날에 죽은 이들 가운데서 부활하신 예수 그리스도

신약 성경은 그리스도의 부활 신비를 역사적인 사건으로, 그것도 분명한 사실들을 보여 주는 실제 사건으로 증언하고 있습니다. 이미 56년경 바오로 사도는 코린토 신자들에게 다음과 같은 편지를 보낸 것입니다.

나도 전해 받았고 여러분에게 무엇보다 먼저 전해 준 복음은 이렇습니다. 곧 그리스도께서는 성경 말씀대로 우리의 죄 때문에 돌아가시고 묻히셨으며, 성경 말씀대로 사흗날에 되살아나시어 케파에게, 또 이어서 열두 사도에게 나타나셨습니다.(1코린 15,3-5)

예수님의 빈 무덤의 의미

"어찌하여 살아 계신 분을 죽은 이들 가운데에서 찾고 있느냐? 그분께서는 여기에 계시지 않는다. 되살아나셨다." (루카 24,5-6) 하고 천사가 말하였습니다. 물론 빈 무덤 자체가 부활의 직접적인 증거는 아닙니다. 그럼에도 빈 무덤은 모든 사람에게 핵심적 징표가 되는 것입니다. 즉 빈 무덤을 발견한 것은 제자들이 그리스도의 부활 사실을 인정하는 첫걸음이었던 것이지요.

병사들이 무덤을 지켰는데도 불구하고. 수의가 잘 개켜져 있었다고 했고, 예수님의 시체가 없었다고 했습니다. 이는 결국 예수님께서 부활하셨다는 것, 예수님께서 새로운 몸을 지니셨음을 말합니다. 즉 예수님의 부활하신 몸은 이전과는 완전히 다른 양식의 영적인 몸이시라는 것입니다. 그리스도의 죽음은 당신께서 인간으로 사신 지상 생활을 마감했다는 의미에서 진정한 의미의 죽음이었습니다. 그러나 그분은 신성을 지닌 하느님이셨기 때문에, 그분의 육신은 다른 시체들처럼 썩어 없어질 육신이 아니었습니다. 『가톨릭교회교리서』는 이를 "하느님의 힘이 그리스도의 육신을 부패하지 않게 하셨다."(627항)라고 말하고 있습니다.

이러한 의미에서 그리스도의 빈 무덤은 육신의 부패 없이 부활하신 그리스도의 몸을 나타내는 증거이자 표징이 됩니다. 곧 그리스도의 빈 무덤은 그분께서 참으로 부활하셨다는 것을 극적으로 드러내는 것입니다. 다른 한편으로 빈 무덤은 우리에게 우리의 희망을 이 세상에 두지 말라는 하느님의 메시지이기도 합니다. 즉 우리의 희망을 이 세상이 아닌 저 세상, 곧 하늘나라, 하느님의 나라에 두어야 한다는 것입니다.

예수님 부활의 증인들

부활에 대한 교회의 신앙은 그리스도인들이 알고 있던, 대부분 아직 그 가운데 살고 있던 사람들의 직접적인 증언에 기초하고 있습니다. 먼저 그리스도의 부활을 사도들에게 알린 첫 사람은 여인들이었습니다. 그 다음으로 예수님께서는 사도들에게 나타나셨는데, 먼저 베드로에게 그리고 이어서 열두 사도들에게 나타나셨습니다. 그러나 그들뿐이 아니었습니다. 바오로는 야고보와 모든 사도 외에도 한 번에 오백 명이 넘는 사람들에게 예수님께서 나타나셨다고 분명히 말하고 있습니다.

예수님의 부활을 믿는 제자들의 어려움

수난으로 받은 충격이 너무 컸기 때문에 제자들은, 그러니까 그들 가운데 적어도 몇몇은 부활 소식을 쉽게 믿지 못했습니다.(토마스가 그 대표적인 사람이었지요). 제자들은 기가 꺾이고 두려운 상태에서 무덤에서 돌아온 여인들의 말을 믿지 못했습니다. "그 이야기가 헛소리처럼 여겨졌다."(루카 24,11)라고 복음서는 전하고 있는 것입니다. 예수님께서는 부활하신 날 저녁에 열한 제자들에게 나타나시어, 그들의 불신과 완고한 마음을 꾸짖으셨는데, 되살아난 당신을 본 이들의 말을 그들이 믿지 않았기 때문이었습니다.(마르 16,14 참조). 실제로 부활하신 예수님을 눈앞에 보고서도 제자들의 의심은 여전했는데, 그들에게는 부활이 불가능한 일로 보였기 때문이었습니다.

그리스도의 부활한 인성

부활하신 예수님께서는 제자들에게 당신을 만지게 하셨고, 그들과 함께 식사를 나누셨습니다. 이로써 예수님께서는 제자들에게 당신이 유령이 아니라는 사실을 깨닫도록 하셨습니다. 제자들에게 나타난 부활하신 예수님의 육신은 수난의 흔적을 아직 지니고 있는, 고난을 당하고 십자가에 못 박히신 바로 그 육신이었습니다. 그러면서도 그 육신은 영광스러운 육신의 새로운 특성들도 함께 지니고 있었습니다. '부활復活한 인성人性' 을 지닌 예수님이시기에 시간과 공간의 제약을 받지 않고 원하는 곳에, 원하는 때에 마음대로 나타나실 수 있었습니다.

부활의 의미

부활은 무엇보다도 그리스도께서 친히 행하시고 가르치신 모든 것들을 확인해 주는 것입니다. 그리스도의 부활은 구약의 약속과, 예수님께서 사시는 동안 하신 '약속의 실현' 이라고 할 수 있습니다. 또한 부활은 예수님께서 지니신 신성의 진실성을 확증해 주는 사건이라고 할 수 있습니다. 예수님께서 "너희는 사람의 아들을 들어 올린 뒤에야 내가 '나임' 을 깨달을 것이다."(요한 8,28) 하셨는데, 십자가에 못 박히셨던 예수님의 부활은 그분께서 바로 '나다' 라는 것, 곧 하느님의 아들이요 하느님 자신이시라는 것을 증명한 사건입니다.

예수님 승천의 의미

예수님께서 "나는 땅에서 들어 올려지면 모든 사람을 나에게 이끌어 들일 것이다."(요한 12,32) 하고 말씀하셨는데, 예수님의 승천은 우리 인간이 자신의 자연적 능력만으로는 하느님의 생명과 지복至福에 다다를 수 없다는 것과, 오직 그리스도께서만 우리 인간에게 이 길을 열어 주실 수 있음을 알려 줍니다. 하지만 예수님의 승천은 어디까지나 당신께서 수난하시고 십자가에서 돌아가신 뒤의 사건입니다. 곧 예수님께서 십자가 위에 높이 올려지심은 그분께서 승천으로 하늘에 높이 오름을 의미하고 예고하는 것입니다.

우리는 그리스도께서 승천하시어 천주 성부의 오른편에 앉으셨음을, 곧 그분께서 아버지와 똑같은 영광을 누리시며 우리를 인도하시는 당신의 사제직을 영원히 수행하고 계심을 믿습니다. 바오로 사도께서 하신 말씀을 잊지 맙시다. "그분께서는 당신을 통하여 하느님께 나아가는 사람들을 언제나 구원하실 수 있습니다. 그분께서는 늘 살아 계시어 그들을 위하여 빌어 주십니다."[히브 7,25]

/8

심판과 성령

"그 외아들 우리 주 예수 그리스도님, 그리로부터 산 이와 죽은 이를 심판하러 오실 것과 성령을 저는 믿나이다"

심판

신약 성경은 심판을 그리스도께서 다시 오실 때의 사건으로서 '그분과의 마지막 만남' 이라고 하는 관점에서 주로 이야기하지만, 각자가 죽은 뒤 곧바로 '자신의 행실과 믿음에 따라 대가를 치르게 된다는 것' 도 반복하여 천명하고 있습니다.(예를 들어, 불쌍한 라자로의 비유, 십자가 위에서 회개한 죄수에게 하신 말씀 등)

이러한 대목들은 사람에 따라 서로 다를 수 있는 영혼의 궁극적 운명에 대해 이야기하고 있습니다. 성경에 따르면, 각 사람은 죽자마자 자신의 삶을 그리스도께 셈 바치는 개별 심판으로 그 불멸의 영혼 안에서 영원한 갚음을 받게 됩니다. 그리고 이러한 대가는 정화를 거치거나 곧바로 하늘의 행복으로 들어가거나 곧바로 영원한 벌을 받는 것입니다.

이러한 심판의 기준은 무엇일까요? 바로 사랑입니다! 십자가의 성 요한은, "우리의 삶이 저물었을 때 우리는 사랑에 대하여 심판을 받을 것"이라고 하였습니다.

심판은 천국을 위한 하나의 과정입니다. 『가톨릭교회교리서』는 하느님의 은총과 사랑을 간직하고 죽은 사람들과 완전히 정화된 사람들은 그리스도와 함께 영원히 살게 된다고 하면서, 그들은 하느님을 '있는 그대로' '얼굴과 얼굴을 마주' 보기 때문에 영원히 하느님을 닮게 될 것이라고 가르칩니다. 하느님께서는 초월적인 분이시기 때문에, 당신 스스로 인간이 직접 볼 수 있도록 당신의 신비를 드러내 보이시거나 인간에게 그러한 능력을 주실 때에만 그 참모습이 보이는 것입니다. 이처럼 천상 영광 안의 하느님을 뵙는 것을 교회는 '지복직관' 至福直觀이라고 부릅니다.

성령의 뜻과 호칭들

성령聖靈은 '거룩한 영'이라는 뜻입니다. 우리말로는 '얼'이라고도 표현할 수 있겠는데, 학문적으로는 '기'氣 Ruah와 유사한 점이 있습니다. '영'은 히브리어로 '루아'인데, 루아는 숨, 숨결, 바람을 가리키는 말입니다. 물론 하느님 자신이 거룩한 영이시니, '성령'이라는 단어는 삼위일체 하느님의 제3위를 가리키는 고유한 이름이라고 하겠습니다.

신약 성경에서 예수님께서는 성령을 그리스어인 '파라클리토' Paracletos라고도 부르는데, 이는 곁으로 불려 온 분, 곧 변호자라는 뜻입니다. 이를 우리말 성경은 보호자로 번역하였습니다. 과거 공동번역 성경에서는 성령을 '협조자'로 번역하였으나, 이는 없어도 되는 존재라는 어감語感이 있어서 '보호자'로 대체되었습니다. 그 외에도 성령을 '위로자'라고도 하는데, 이는 '파라클리토'가 '위로'라는 뜻을 지닌 '파라클레시스' Paraclesis라는 말에서 나온 것으로 보기 때문입니다.

이러한 성령에 대한 호칭 이외에 성령을 상징하는 것들이 있습니다. 그것은 '물' 성령 안에서 주어지는 생명의 탄생과 풍요로움을 상징, '기름 부음' 성령과 동의어로 쓰임, '불' 성령의 활동이 지닌 변화시키는 힘을 상징, '구름과 빛' 성령의 발현과 분리될 수 없는 것들 등입니다.

성령의 역할

성령께서는 우리가 하느님을 신앙할 수 있도록 도와주는 분이십니다. 그런 뜻에서 바오로 사도는 말씀하셨습니다. "성령에 힘입지 않고서는 아무도 '예수님은 주님이시다.' 할 수 없습니다."(1코린 12,3). "하느님께서 당신 아드님의 영을 우리 마음 안에 보내 주셨습니다. 그 영께서 '아빠! 아버지!' 하고 외치고 계십니다."(갈라 4,6). 그러므로 우리가 그리스도와 만나기 위해서는 먼저 성령의 인도를 받아야 하는데, 그것은 우리보다 앞서 오셔서 우리 안에 신앙을 불러일으키시는 분이 성령이시기 때문입니다.

이러한 성령의 역할을 언급하자면, 성령께서는 우리에게 하느님의 새로운 생명을 전달해 주시고, 우리들을 준비시키시고, 당신의 은총으로 우리들을 도와 그리스도께 이끌어 주십니다. 성령께서는 우리에게 부활하신 주님을 보여주시고, 그분의 말씀을 상기시켜 주시며, 그리스도의 죽음과 부활을 이해하도록 정신을 열어 주십니다. 성령께서는 우리들을 하느님과 화해시켜 하느님과 친교를 이루게 하시고, 우리들이 '많은 열매를 맺도록' 그리스도의 신비를 그들 안에, 특히 성체 안에 탁월하게 현존하게 하십니다. 성령께서는 사랑이신 하느님의 선물로서, 우리들에게 죄를 용서하는 은혜를 베풀고, 죄로 잃었던 하느님을 닮은 유사성을 회복시켜 줍니다. 성령께서는 우리에게 낙원을 되찾게 해 주시고, 하늘나라에 오르게 하시며, 다시 하느님의 자녀로 받아들여지게 하십니다.

세례, 견진, 성체 성사 등을 통하여 성령을 받은 우리들은 이러한 성령의 능력을 통해 “사랑, 기쁨, 평화, 인내, 호의, 선의, 성실, 온유, 절제”(갈라 5,22-23)와 같은 (성령의) 열매를 맺을 수 있게 됩니다.

우리 안에서의 성령

우리는 성령을 어디서 어떻게 깨달을 수 있습니까? 바로 교회 안에서입니다! 그래서 『가톨릭교회교리서』는 교회가 자신이 전하는 사도들의 신앙 안에 살아 있는 친교로서 성령을 인식하는 장소이므로, 우리는 다음의 것들 안에서 성령을 깨달을 수 있다고 합니다.(688항 참조). 곧 성령께서 영감을 주신 성경 안에서, 교부들의 증언이 언제나 살아 있는 전통 안에서, 성령께서 도우시는 교회의 교도권 안에서, 성령께서 우리에게 그리스도와 친교를 이루게 하시는 성사의 전례 안에서 말씀과 상징을 통하여, 우리를 위하여 성령께서 전구해 주시는 기도 안에서, 교회를 이루는 은사와 직무 안에서, 사도적 삶과 선교적 삶의 표징들 안에서, 성령께서 당신의 거룩함을 드러내고 구원 사업을 계속하시는 성인들의 증거 안에서입니다.

성령께서 우리 안에서 활동하시도록 하려면 어떻게 해야 합니까? 성령께서 우리에게 생명을 주셨기에 우리가 자신을 버리면 버릴수록 우리는 더욱 성령의 지도를 따라서 살아가게 됩니다. 우리가 이기심과 욕심에 온갖 욕망에 사로잡힌 나 자신을 버리면 버릴수록 더 성령으로 충만한 삶을 살 수 있다는 것입니다. 이를 위해 절제하는 신앙적인 삶, 사랑의 실천과 열심한 기도 생활, 그리고 성사 생활을 잘하는 자세가 중요합니다.

참고로 『가톨릭교회교리서』의 가르침을 살펴봅니다. "그리스도께서는 교회의 성사들을 통하여 당신 몸의 지체들에게 거룩한 분이시고 또한 거룩하게 하는 분이신 당신 영을 주신다."(739항) (그러므로 우리를 위해서 베풀어지는 모든 성사가 또 하나의 성령 강림이라고 할 수 있는 것입니다!) "교회의 성사들 안에서 신자들에게 주어지는 이러한 '하느님의 놀라운 일들'은 그리스도 안에서 성령을 따르는 새로운 삶에서 그 열매를 맺습니다."(740항)

교리서가 가르치는 대로, 성모 마리아의 전구에 힘입어 살아가는 님들이 기도와 성사 생활에 계속 충실하신 가운데 그리스도 안에서 성령을 따르는 새로운 삶을 충만하게 살아가시기를 소망합니다.

/9

교회의 정체:
하느님의 백성, 그리스도의 몸, 성령의 성전

"저는 거룩하고 보편된 교회를 믿나이다"

교회의 의미

'교회' 教會 Ecclesia는 어원적으로 '밖으로 부르다'에서 나온 말로 '종교적인 목적으로 불러 모인 모임'이라는 뜻이 있습니다. 구약 성경에서 하느님 앞에 모인 선택된 백성들의 집회, 특히 이스라엘이 하느님의 율법을 받아 하느님의 거룩한 백성으로 세워진 '시나이 산의 집회'를 가리키는 말로 자주 사용된 용어가 이 교회라는 표현입니다.

우리 그리스도교도 이러한 뜻을 그대로 받아 자신을 교회라고 부르고 있습니다. 그리스도를 믿는 초기 공동체는 스스로를 '교회'라고 부름으로써 자신들이 하느님 백성 집회의 계승자임을 자처했던 것입니다. 즉 구약의 교회가 이제 신약의 교회로 이어져 온다는 것입니다.

하느님의 백성인 교회의 특성

교회는 육체적인 출생으로 그 일원이 되는 것이 아니라 '물과 성령으로' '위로부터 태어남' 으로써, 곧 그리스도에 대한 신앙과 세례로써 그 일원이 됩니다. 이 백성의 머리는 예수 그리스도이시고, 이 백성은 하느님 자녀의 품위와 자유를 지니고, 성령께서 그 안에 머무르시는 '메시아적 백성' 이며, "그리스도께서 우리를 사랑하신 것처럼 사랑하여야 한다."는 사랑의 새 계명이 그 법입니다. 그리고 이 백성의 사명은 지상의 소금이 되고 세상의 빛이 되는 것입니다. 그리하여 이 백성은 온 인류를 위한 도구가 되며, 하느님의 나라를 그 목적으로 삼고 있습니다.

그리스도의 3중직사제, 예언자, 왕의 직분과 교회

예수 그리스도께서는 성부께서 성령으로 기름 부어 '사제이고 예언자이며 왕' 으로 세운 분이십니다. 『가톨릭교회 교리서』는 하느님의 백성 전체가 이러한 그리스도의 세 가지 직분에 참여하며, 거기에서 나오는 사명과 봉사의 책임을 진다고 가르치고 있습니다.

- 평신도들은 그리스도의 사제직에 참여한다. 그들은 더욱 더 그리스도와 결합되어, 개인적 · 가정적 · 사회적 · 교회적 삶의 모든 차원에서 세례와 견진의 은총을 펼치고, 이로써 모든 신자가 받은 성덕의 소명을 실현한다.(941항)
- 평신도들은 그들의 예언자직으로 인해, "인간 사회 한복판에서 그리스도의 증인이 되도록 부름 받고 있다."(942항)
- 평신도들은 그들의 왕직으로 인해, 자기희생과 거룩한 생활을 통하여 자신과 세상에서 죄의 지배를 물리칠 능력을 가진다.(943항)

대사제이신 주 그리스도께서는 당신의 새로운 백성으로 하여금 하느님을 섬기는 사제들이 되게 하셨기에 그리스도인 모두가 사제적인 소명을 나누어 받고 있습니다. 이러한 의미에서 사제만이 제사를 봉헌하는 것이 아니라 신자 각자가 자신의 제사를 하느님께 봉헌하는 사제라고 하겠습니다. 그러므로 보편사제직에 참여하는 우리는 무엇보다 '자신을 하느님께 제물로 봉헌하는 마음' 을 가져야 합니다.

하느님의 거룩한 백성은 또한 그리스도의 예언자의 직분에도 참여합니다.(여기서 예언자의 '예' 자는 '미리 예豫' 가 아니라 '맡길 예預' 로서 하느님의 말씀을 맡아 전한다는 뜻이 있습니다.). 이러한 예언자로서의 직분은, 우리가 특히 우리의 신앙에 충실한 가운데, 이 세상에서 그리스도의 증인이 될 때 행사되는 것입니다. 그러므로 자신에게 맡겨진 하느님의 말씀을 그대로 믿고 따르는 우리가 될 때, 우리는 자신의 예언직을 충실히 수행하게 되는 것입니다.

왕이시며 우주의 주님이신 그리스도께서 모든 사람의 종이 되셨습니다. 하느님의 백성은 이러한 그리스도의 왕직에 참여하는 것입니다. 그러므로 우리 그리스도인들에게는 그리스도를 본받아 '그분을 섬기는 것이 다스리는 것' 이라 하겠습니다. 즉 세상에서 그리스도를 섬기며, 그분의 말씀에 따라 세상을 살아가는 것이, 곧 자신의 왕직을 수행하는 것이 된다는 말씀이지요.

성경에 나오는 교회의 상징들

성경은 '하느님의 백성' 이라는 근본 개념을 드러내고자 여러 가지 표상을 사용하였는데, 신약 성경은 그리스도께서 이 백성의 '머리' 가 되셨고, 이제 그들은 그분의 몸이 된다는 것을 구심점으로 해서 교회를 표현하고 있습니다. 신약 성경에서 볼 수 있는 교회에 대한 표상은 주로 유목 생활이나 농사, 건축 또는 가정과 부부 생활과 연관된 것들로서, '양 우리' '양 떼' '밭' '포도나무' '건물' (하느님의 집, 곧 하느님의 가족들이 살고 있는 곳, 하느님의 신령한 거처, 하느님께서 사람들과 함께 계시는 장막, 성전, 거룩한 도읍, 새 예루살렘 등) '우리 어머니' '그리스도의 신부' (순결한 어린양의 순결한 신부) 등이 있습니다.

그리스도의 몸으로서의 교회

교회를 '그리스도의 몸'에 비유하는 것은 교회와 그리스도의 관계가 얼마나 밀접한가를 잘 보여 줍니다. 교회는 단순히 그리스도 주위에 모인 것이 아니라 그분의 몸 안에서, 그분 안에서 하나가 되었다는 것입니다. 예수 그리스도께서는 이렇게 말씀하셨습니다. "내 안에 머물러라. 나도 너희 안에 머무르겠다. ……나는 포도나무요 너희는 가지다."(요한 15,4-5). "내 살을 먹고 내 피를 마시는 사람은 내 안에 머무르고, 나도 그 사람 안에 머무른다."(요한 6,56)

예수 그리스도께서는 마침내 당신의 성령을 우리에게 보내 주시어 신비로이 당신의 몸을 이루셨습니다. 하느님의 말씀에 응답하여 그리스도의 몸을 이루는 지체가 된 신자들은 성체 성사를 통하여 그리스도와 긴밀하게 결합됩니다. 그리하여 그리스도의 생명이 신자들에게 나누어지게 되는 것입니다. 이에 우리는 교회 안에서 활동하시는 성령께서 당신의 풍요와 직무의 필요에 따라 여러 가지 선물을 유익하도록 나누어 주심을 깨닫고, 한 지체가 고통을 당하면 모든 지체가 함께 아파하고, 한 지체가 영광을 받으면 모든 지체가 함께 기뻐함을 잊지 말아야 합니다.

성령의 성전으로서의 교회

'성령의 강림' 으로 인하여 그리스도의 교회는 볼 수 있는 모습으로 세상 안에 자라났습니다. 그리스도의 몸을 이루는 모든 지체가 서로, 그리고 그 으뜸이신 머리와 결합하는 것은 그리스도께서 교회 안에 사시며 활동하시기 때문입니다. 교회가 '성령의 성전' 이라는 말은 교회가 있는 곳에 하느님의 영이 계시고, 하느님의 영이 계시는 곳에 교회와 모든 은총이 있다는 말입니다. 교회 안에 거하시는 성령께서는 다양한 방법으로 교회의 구성원들을 이끄십니다. 즉 성령께서는 하느님의 말씀을 통하여, 세례를 통하여, 그 외의 성사를 통하여, 또 그 밖의 은총들을 통하여, 선을 행하게 하는 덕행들을 통하여, 끝으로 여러 가지 특별한 은사(카리스마: 공동체의 유익을 위한 성령의 은혜)들을 통하여 교회를 이루시고 이끌어 가십니다.

이러한 은사들은 참된 척도인 '사랑'에 따라 행사되어야 합니다. 교회 안에서 은사가 사랑의 실천으로 행사되는지에 대한 '은사의 식별'은 항상 필요합니다. 누가 어떤 은사를 받았다고 해서 교회 목자들의 의견을 무시하거나 그들에게 불순종하는 일은 없어야 합니다.

모든 은사는 그 다양성과 보완성 안에서 "공동선"(1코린 12,7)을 위하여 협력할 수 있습니다. 자신에게 주어진 성령의 은혜에 감사하며, 자신의 은사를 교회를 위하여 잘 사용하는 님들이 되시기를 바랍니다!

/10

교회의 네 가지 특징: 하나이고 거룩하고 보편되며 사도로부터 이어 오는 교회

"저는 거룩하고 보편된 교회를 믿나이다"

그리스도께서 만드신 교회와 교회 사명의 본질적 특성

우리는 니케아-콘스탄티노플 신경에서 '하나이고 거룩하고 보편되며 사도로부터 이어 오는 교회' 를 믿는다고 고백합니다. 서로 불가분의 관계에 있는 이 네 가지 특징들은 교회와 교회 사명의 본질적인 특성을 나타내는 속성들입니다. 그런데 이 속성들은 교회가 스스로 지니게 된 것이 아니라 그리스도께서 성령을 통해 그렇게 만드셔서 지니게 된 것입니다. 즉 그리스도 친히 당신의 교회를 하나이고 거룩하고 보편되며 사도로부터 이어 오는 교회가 되도록 해 주신 것이고, 그분께서 친히 이 특성들 하나하나를 교회가 실현하도록 촉구하고 계시는 것입니다.

하나인 교회

오늘날 교회 수는 엄청 많지만, 그 기원은 하나입니다. 즉 교회는 한 분이신 하느님께 근거합니다. 제2차 바티칸 공의회는 “이 신비의 최고 표본과 최고 원리는 삼위의 일치, 곧 성령 안에서 아버지와 아들이 하나가 되는 한 분이신 하느님의 일치”(「일치교령」 2항)임을 선포합니다.

먼저 교회는 그 설립자로 보아 하나입니다. “강생하신 성자께서는 평화의 임금님으로서 당신 십자가를 통하여 모든 사람을 하느님과 화해시키시고 한 백성, 한 몸 안에서 모든 사람의 일치를 회복시키셨기 때문입니다.”(『가톨릭교회교리서』 813항)

다음으로 교회는 성령께서 함께하시니 그 ‘영혼’으로 하나입니다. “믿는 이들 안에 살아 계시는 성령께서는 온 교회를 가득 채우시고 다스리시어 신자들의 저 놀라운 친교를 이루시고 모든 이를 그리스도 안에서 깊이 결합시키시어, 교회 일치의 원리가 되십니다.”(『가톨릭교회교리서』 813항)

교회는 본질상 하나이지만 그 기원에서부터 이미 풍부한 다양성과 더불어 나타납니다. 그러면서 그 다양한 구성원들은 무엇보다 “완전하게 묶어 주는”(콜로 3,14) 사랑으로 일치를 이룹니다. 그 밖에 교회의 일치를 이루는 가시적인 친교의 끈은 ‘사도들로부터 이어받은 한 신앙에 대한 고백’

'하느님에 대한 예배, 특히 성사의 공통 거행' '하느님 가족의 형제적 화목을 유지해 주는 성품 성사를 통한 사도적 계승' 등이 있습니다. 우리는 하느님께서 주시는 일치의 은총을 언제나 유지하고 강화하며 완성하기 위해 기도하고 노력해야 합니다.

거룩한 교회

교회는 그 구성원들 가운데 거룩하지 않은 죄인들이 늘 함께 있음에도 불구하고, 그리스도께서 당신의 교회를 거룩하게 해 주시기 때문에 거룩합니다. 그리스도께서는 교회를 거룩하게 하시려고 당신 자신을 내어 주시고, 교회를 당신과 결합시켜 당신 몸이 되게 하시며, 하느님의 영광을 위하여 성령의 선물로 가득 채워 주십니다. 그래서 교회는 '하느님의 거룩한 백성'이고, 그 구성원들은 '성도'聖徒라고 불리는 것입니다.

'성화성소聖化聖召의 보편성普遍性'이라는 신학 용어神學用語가 있습니다. 모든 그리스도인으로서의 소명은 거룩하게 살라는 데 있다는 것이지요. 레위기에서 주님께서 여러 번 말씀하셨지 않습니까? "내가 거룩하니 너희도 거룩한 자가 되어라."라고요. 모든 신자들이 주님처럼 거룩하게 살라는 부르심을 받고 있으며, 이러한 소명은 무엇보다도 우리가 하느님께서 원하시는 사랑의 삶을 살아감으로써 수행할 수 있습니다.

교회는 또한 죄인들의 공동체이기도 합니다. "그리스도의 구원의 손길에 붙들렸지만 아직은 성화의 길을 가야 하는 죄인들을" 불러 모으고 있는 것이 교회입니다. 이에 교회는 '정화' 와 '참회' 와 '쇄신' 을 강조하고 있습니다. 교회가 이렇게 죄인들의 공동체이면서도 거룩하다는 것은 교회 안에 거룩하신 하느님의 은총이 함께하고 있기 때문입니다.

보편된 교회

'가톨릭' catholic이라는 말은 '전체적이다' '온전하다' '보편적이다' 는 말로서, 교회는 다음 두 가지의 뜻에서 보편적 가톨릭입니다.

먼저, 교회는 그 안에 그리스도께서 현존하시므로 보편됩니다. "그리스도께서 계시는 곳에 가톨릭교회도 있다." 는 안티오키아의 이냐시오 성인St. Ignatius Antiochenus의 말씀대로 교회 안에 그리스도께서 계시기 때문에, 특히 그분의 몸이 온전히 존재하기 때문에 교회는 보편적인 것입니다.

이는 교회 안에 하느님께서 원하시는 구원을 위한 방법들이 있다는 말이기도 합니다. 여기서 하느님께서 원하시는 구원을 위한 방법들이란 '올바르고 완전한 신앙 고백' '온전한 성사 생활' 그리고 '사도적 계승을 통하여 서품된 직무' 등을 말합니다.

교회가 보편된 또 하나의 이유는 그리스도께서 교회를 전 인류에게 파견하셨기 때문입니다. 즉 모든 사람을 구원의 길로 이끌어 들이기를 바라시는 하느님께서, 그러한 일을 위해 택하신 도구가 바로 교회이기 때문에, 이 교회는 보편적이라는 것입니다.

사도로부터 이어 오는 교회

교회가 '사도적' 司徒的이라는 말은 교회가 사도들 위에 세워졌다는 뜻입니다. '사도로부터 이어 오는' apostolica 교회라는 말에는 다음과 같은 세 가지 의미가 있습니다.

- 교회는 그리스도께서 직접 뽑으시고 선교에 파견하신 증인들인 '사도들의 기초' 위에 세워졌다.
- 교회는 그 안에 계시는 성령의 도움으로 사도들의 가르

침과 고귀한 유산, 사도들에게서 들은 건전한 말씀을 보존하고 전하고 있다.

- 교회는 사도들의 사목직을 이어받아 그들을 계승한 사람들의 가르침을 받고 있으므로, 지금 교회의 구성원들은 그 사도들의 가르침을 계속 받고 있는 것과 같다.

복음은 예수님께서 열두 제자들을 뽑으시고 그들을 '사도'라 부르셨다고 전하고 있습니다. 여기서 사도란 그리스어로 '아포스톨로스' apostolos, 곧 '파견된 자'를 뜻합니다. 예수님께서는 제자들로 하여금 당신과 함께 지내게 하시고, 그들을 파견하시어 복음을 선포하게 하셨는데, 당신의 제자들을 처음 선택하실 때부터 그들을 세상으로 파견하실 것을 염두에 두시고 그렇게 하신 것입니다.

예수님께서는 "아버지께서 나를 보내신 것처럼 나도 너희를 보낸다."(요한 20,21)고 하셨습니다. 그러므로 사도들의 파견은 예수님 파견의 연속이고, 오늘날의 우리도 예수님으로부터 이러한 파견을 받고 있다고 하겠습니다.

성찬례를 가리키는 미사(missa)라는 용어도 로마의 공적 집회에서 쓰던 "ite, missa est!", 곧 "가시오, 파견되었습니다!"라는 말에서 유래하였습니다. 매 미사 때마다 우리가 듣게 되는 "미사가 끝났으니 가서 복음을 전합시다." 혹은 "주님과 함께 가서 복음을 실천합시다."라는 파견의 말씀은, 우리 각자 자신의 삶의 자리에서 맡은 일에 충실한 가운데 주님을 찬미하는 복음화의 삶을 살아갈 것을 촉구하는 것입니다!

/11

모든 성인의 통공, 죄의 용서, 육신의 부활

"저는 모든 성인의 통공을 믿으며

죄의 용서와 육신의 부활을 믿나이다"

모든 성인의 통공

통공通功은 '공로를 나누다'는 뜻입니다. 그러므로 '모든 성인의 통공'을 믿는다는 말은 성인들이 서로 공을 나누면서 친교를 맺고 있음을 믿는다는 말입니다. 그리고 통공이라는 말에는 '거룩한 것들sancta을 공유한다'는 의미와 '거룩한 사람들sancti 사이에 친교를 나눈다'는 의미가 포함되어 있습니다.

여기서 거룩한 것들을 공유한다는 말은, 그리스도께서 베푸시는 모든 선한 것이 우리에게 전달된다는 것입니다. 특히 '교회의 성사'들을 통하여 그러합니다. 거룩한 이들의 친교, 곧 거룩한 이들이 친교를 나눈다는 말은 천상의 성인들이 우리를 위해 전구할 수 있고, 우리는 그들의 거룩한 삶을 본받고자 노력한다는 것, 우리도 죽은 이들을 위하여 기도하며 천상의 복을 기원할 수 있다는 것을 뜻합니다.

교회는 '천국의 교회' '연옥의 교회' '지상의 교회', 이렇게 세 가지 형태의 교회로 나누어 볼 수 있습니다. 천상의 교회와 지상의 교회는 주님께서 다시 오실 때까지 친교를 나누고 있습니다. 천국의 교회에 속한 성인들은 지상의 교회에 속해 있는 우리들을 위해 기도하고 있고, 지상의 교회에 속해 있는 우리들은 천상의 교회에 속한 성인들을 본받아 살아가며 연옥의 교회에 속해 있는 죽은 이들을 기억하고 기도합니다. 결과적으로 그 모든 교회의 구성원들이 서로 통하고 있음이 성인들의 통공교리의 내용입니다.

죄의 용서

성부와 성자와 성령이신 하느님에 대한 믿음과, 창조하시고 구원하시고 거룩하게 하시는 하느님의 행위에 대한 믿음을 고백하는 신경은, 세말에 이루어질 죽은 이들의 부활과 영원한 삶에 대한 선언에서 절정에 이릅니다. 부활하신 그리스도께서는 사도들에게 성령을 주심으로써, 죄를 용서하는 당신의 권능을 주셨습니다. "성령을 받아라. 너희가 누구의 죄든지 용서해 주면 그가 용서를 받을 것이고, 그대로 두면 그대로 남아 있을 것이다."(요한 20,22-23). 그리고 주님께서는 죄의 용서를 '신앙'과 '세례'에 연결시키셨습니다. "너희는 온 세상에 가서 모든 피조물에게 복음을 선포하여라. 믿고 세례를 받는 이는 구원을 받을 것이다." (마르 16,15.16)

세례는 그리스도와 우리를 결합시켜 '새로운 삶을 살아가게 하는' 죄의 용서를 위한 가장 중요한 성사입니다. 세례 성사를 통해 사람은 원죄, 본죄, 곧 우리 자신의 의지로 지은 죄, 또 그 죄들을 속죄하기 위해 받아야 할 잠벌까지 사함받게 됩니다. 세례 받은 사람은 고해 성사를 통하여 하느님과 교회와 화해할 수 있습니다. 교부들은 고해를 '수고스러운 세례' 라고 불렀는데, 그것은 고해 성사가 세례 성사처럼 죄사함의 효과를 낸다는 생각에서였습니다. 아직 새로 나지 않은 사람들에게 세례가 필요한 것처럼, 고해 성사는 세례를 받은 후 죄에 떨어진 사람들의 구원에 필요한 것입니다.

그리스도께서는 부활하신 다음 사도들을 파견하시면서, '죄의 용서를 위한 회개가 모든 민족들에게 선포' 되도록 하라고 명하셨습니다. 이에 사도들과 그 후계자들은 이 '화해의 직분' 을 수행하였습니다. 『가톨릭교회교리서』는 아무리 중대한 잘못이라 해도 거룩한 교회가 용서해 줄 수 없는 잘못은 없다고 천명하고 있습니다.

아무리 사악하고 죄가 많은 사람이라도 그의 뉘우침이 진실하기만 하면 누구나 용서에 대해 확고한 희망을 가질 수 있다.(982항)

육신의 부활

'육신의 부활' 은 우리가 죽은 다음에 우리의 영혼이 불멸한다는 것을 말할 뿐 아니라 우리의 '죽을 몸도' 다시 살아나리라는 것을 가리킵니다. 죽은 이들의 부활에 대한 신앙은 처음부터 그리스도교 신앙의 핵심 요소였습니다. 하느님께서는 죽은 이들의 부활을 당신 백성에게 점진적으로 계시하셨습니다. 죽은 이의 육신 부활에 대한 희망은 '창조주' 이신 하느님과 '계약' 에 충실하신 하느님에 대한 신앙에서 나온 것입니다. 그래서 주님의 시대에 많은 사람들이 부활을 희망하고 있었는데, 특히 바리사이들이 그러했습니다.

예수님께서는 부활을 부인하는 사두가이들에게 이렇게 말씀하셨습니다. "너희가 성경도 모르고 하느님의 능력도 모르니까 그렇게 잘못 생각하는 것이 아니냐?"(마르 12,24). 예수님께서 가르치신 부활 신앙은 "죽은 이들의 하느님이 아니라 산 이들의 하느님"(마르12,27)이신 분에 대한 믿음에 그 근거를 두고 있습니다. 나아가서, 예수님께서는 부활에 대한 신앙을 당신 자신과 연결 지으셨습니다. "나는 부활이요 생명이다."(요한 11,25). 예수님은 당신을 믿고 당신의 살을 먹고 피를 마시는 사람은 마지막 날에 친히 살리실 것이라고 말씀하셨습니다. 그러면서 예수님께서는 실제로 죽은 몇 사람들에게 생명을 돌려주심으로써 부활에 대한 징표와 보증을 주셨고, 이로써 자신의 부활을 예고하셨습니다.

죽은 모든 사람이 부활할 것입니다. 예수님께서는 "선을 행한 이들은 부활하여 생명을 얻고 악을 저지른 자들은 부활하여 심판을 받을 것"(요한 5,29)이라고 하셨습니다.

부활하신 예수님께서는 "내 손과 내 발을 보아라. 바로 나다."(루카 24,39) 하셨습니다. 교회는 당신 자신의 육신을 지니고 부활하신 예수님 안에서 모든 사람들이 지금 가지고 있는 자신의 육신을 지니고 부활할 것이라고 가르칩니다.(여기서 말하는 육신은 '영적인 몸' 으로서 예수님처럼 영광스러운 몸과 같은 모습으로 변화된 육신을 말합니다.)

하지만 "우리가 어떻게 부활할 것인가?"라는 의문에 대한 답은 우리의 상상력과 이해력을 뛰어넘는 것으로, 어디까지나 신앙으로만 접근할 수 있는 문제입니다. 이에 성 이레네오의 말씀에 주목했으면 합니다. 성인은 영성체를 통해 우리의 몸이 부활의 희망을 지닌 몸으로 변모한다고 말씀하신 것입니다. "땅에서 나온 빵도 하느님의 축성을 받게 되면 더 이상 보통의 빵이 아니라 지상의 것과 천상의 것 두 가지로 이루어진 성체가 됩니다. 이와 마찬가지로 성체 성사에 참여하는 우리 육신도 더 이상 썩어 없어질 육신이 아니고, 부활의 희망을 지닌 육신이 됩니다." 그러므로 우리가 성체 성사에 참여할 때, 우리는 그리스도를 통한 우리 육신의 영광스러운 변화를 앞당겨 맛보고 있는 셈입니다.

부활은 '마지막 날에' '세상 끝 날에' 결정적으로 이루어질 것입니다. 죽은 이들의 부활은 그리스도의 재림과 밀접한 관계를 맺고 있기 때문입니다. 하지만 어떤 면에서 우리는 이미 그리스도와 함께 부활한 사람들이라고 할 수 있습니다. 그리스도인의 삶은 성령의 도우심으로 지금 이 지상에서부터 그리스도의 죽음과 부활에 참여하는 삶인 것입니다!

바오로 사도의 다음 말씀을 새겨 들읍시다! "여러분은 세례 때에 그리스도와 함께 묻혔고, 그리스도를 죽은 이들 가운데에서 일으키신 하느님의 능력에 대한 믿음으로 그리스도 안에서 그분과 함께 되살아났습니다. …… 그러므로 여러분은 그리스도와 함께 다시 살아났으니, 저 위에 있는 것을 추구하십시오. 거기에는 그리스도께서 하느님의 오른쪽에 앉아 계십니다."(콜로 2,12; 3,1)

/12

영원한 삶과 최후의 심판

"저는 영원한 삶을 믿나이다"

영원한 삶

세례를 통하여 그리스도와 결합된 우리들은 부활하신 그리스도의 천상 생명에 실제로 참여하게 됩니다. 무엇보다도 우리는 성체 안에 계신 그리스도의 몸의 지체로 살아가고 있으므로 이미 그리스도의 몸에 속해 있습니다. 마지막 날에 이루어질 부활의 날을 기다리고 있는 우리는 이렇게 벌써부터 '그리스도께 속해 있는 품위' 에 참여하고 있기 때문에, 우리 자신의 육신을 소중히 여겨야 함은 물론 다른 사람의 육신, 특히 그 육신이 고통 당하고 있을 때 더욱 소중히 여겨야 합니다.

우리가 믿는 영생의 삶은 무엇보다 죽음을 이기고 부활하신 예수님께 대한 믿음에 근거합니다. 곧 그리스도인은 죽음을 예수님의 죽음과 연결하여, 예수님께 나아가는 것으로, 영원한 생명으로 들어가는 것으로 여기고 있습니다. 그래서 사제는 임종자를 위해 다음과 같이 기도합니다.

하느님, 그리스도를 믿는 이 영혼이 이제 세상을 떠나려 하나이다. …… 오늘 이 영혼에게 평화를 주시고, 거룩한 시온에서 주님을 우러러 뵈오며 길이 살게 하소서. 구세주이신 주님을 뵈오며 영원히 하느님을 직접 뵈옵게 하소서.

주 예수 그리스도께서 우리에게 영원한 생명을 약속하시고, 당신의 부활로써 그러한 약속이 참됨을 보증해 주셨습니다. 그러므로 우리도 그분의 말씀을 신뢰하며, 어떠한 어려움 가운데서도 영원한 생명에 대한 희망을 잃지 않고 준비하는 삶을 살아야 하겠습니다.

천국

"산다는 것은 그리스도와 함께 있는 것입니다. 그리스도께서 계신 곳에 생명이 있고 하늘 나라가 있습니다."라는 암브로시오 성인의 말씀과 같이, '천국'天國의 삶은 한마디로 지극히 거룩하신 하느님과 함께하는 완전한 삶입니다. 나아가 천국은 모든 복된 이들과 함께하는 생명과 사랑의 친교로서, 천국의 복된 사람들의 삶은 그리스도께서 이루신 구원의 은총으로 '하늘의 영광에 참여하는 생활' 입니다.

이러한 천국은 결국 인간의 궁극적 목적이며, 가장 간절한 열망의 실현이고, 가장 행복한 결정적 상태입니다. 예수 그리스도께서는 당신의 죽음과 부활을 통하여 우리에게 이러한 천국을 '열어' 주셨습니다. "어떠한 눈도 본 적이 없고 어떠한 귀도 들은 적이 없으며, 사람의 마음에도 떠오른 적이 없는 것들을, 하느님께서는 당신을 사랑하는 이들을 위하여 마련해 두셨다."(1코린 2,9)는 바오로 사도의 말씀은 바로 천국을 두고 하신 말씀입니다.

연옥

하느님의 은총과 사랑 안에서 죽었으나 완전히 정화되지 않은 사람들은 영원한 구원을 보장받는 것이지만, 그들이 하늘의 기쁨으로 들어가기에 필요한 거룩함을 얻으려면 죽은 다음에 '정화를 거쳐야' 한다는 것이 교회의 가르침입니다. 선택된 이들이 거치게 될 이러한 정화를 '연옥'煉獄이라고 부릅니다. 그런데 연옥에서의 벌은 영원히 단죄받은 이들이 받는 지옥의 벌과는 전혀 다른 것입니다. 어떤 죄들은 현세에서 용서받을 수 있지만 내세에 가서야 용서받을 수 있는 죄도 있다는 것이 교회의 가르침인데, 이러한 가르침에 바탕을 두고 있는 연옥교리는 15-16세기에 걸쳐서 교회 공의회피렌체, 트리엔트에서 확정된 것입니다. 그런데 연옥에 관한 교회의 이러한 가르침은 성경에서 이미 말하고 있는 죽은 이들을 위한 기도의 관습에도 그 근거를 두고 있습니다. 예를 들면, 유다 마카베오는 죽은 이들을 위하여 그들이 죄에서 벗어나게 하고자 속죄를 한 것입니다. 그리고 교회는 그 초기부터 죽은 이들을 존중하고 기념하였으며, 그들을 위해 기도하며 특히 (그들이 정화되어 천국에 이르도록) 미사성제를 드렸습니다. 또한 교회는 죽은 이들의 정화에 도움을 주고자 죽은 이들을 위한 '자선'慈善과 '대사'大赦와 '보속'補贖도 권하고 있습니다.

지옥

교회는 '지옥'地獄의 존재와 그 영원함을 가르치고 있습니다. 죽을 죄의 상태에서 죽은 사람들의 영혼은 죽은 다음 곧바로 지옥으로 내려가며, 그곳에서 지옥의 고통, 곧 '영원한 불'의 고통을 겪는 것이지요. 죽을 죄를 뉘우치지 않고 하느님의 자비로우신 사랑을 받아들이지 않은 채 죽는 것은 영원히 하느님과 헤어져 있겠다고 우리 자신이 자유로이 선택하는 것을 뜻합니다. 이러한 의미에서 '지옥'이라는 말은 하느님과 또 복된 이들과 이루는 친교를 결정적으로 '스스로 거부한 상태'를 일컫는 것입니다.

예수님께서는 믿고 회개하기를 끝까지 거부하는 사람들이 가게 되는 꺼지지 않는 불이 타고 있는 '게헨나' Gehenna, 곧 '지옥'에 대해 자주 말씀하셨습니다. 그분의 말씀에 따르면, 지옥 그곳에서는 영혼과 육신이 함께 멸망하게 될 것입니다. "사람의 아들이 자기 천사들을 보낼 터인데, 그들은 그의 나라에서 …… 불의를 저지르는 자들을 거두어, 불구덩이에 던져 버릴 것이다."(마태 13,41.42). 그러나 지옥의 주된 고통은 영원히 타오르는 뜨거운 불이 주는 물리적인 아픔이 아니라 인간 자신이 갈망하는 생명과 행복을 주시는 유일한 분이신 하느님과 영원히 단절되는, 곧 자신이 창조된 목적에서 완전히 멀어지는 '정신적인 절망 상태'라 할 것입니다.

지옥에 대한 성경의 단언과 교회의 가르침은, 인간들이 자신의 영원한 운명을 위하여 책임감을 가지고 자유를 사용하라는 호소이며, 동시에 회개하라는 절박한 호소이기도 합니다.

그러므로 우리는, "너희는 좁은 문으로 들어가라. 멸망으로 이끄는 문은 넓고 길도 널찍하여 그리로 들어가는 자들이 많다. 생명으로 이끄는 문은 얼마나 좁고 또 그 길은 얼마나 비좁은지, 그리로 찾아드는 이들이 적다."(마태 7,13-14)는 주님의 경고대로, 그날과 그 시간을 모르기에 언제나 깨어 있어야 합니다.

최후의 심판

'최후最後의 심판審判'은 그리스도의 영광스러운 재림 때에 이루어질 하느님의 심판, 곧 '공심판'公審判을 말합니다. 교회는 최후의 심판에 앞서 '의로운 이들이나 불의한 자들이나' 죽은 모든 이가 부활할 것인데, 그날에 진리이신 그리스도 앞에서 각 사람이 하느님과 맺은 관계의 진상이 결정적으로 밝혀질 것이고, 각 사람이 지상 생활 동안 선을 행하였거나 이를 소홀히 한 일의 궁극적 결과까지도 드러날 것이라고 가르치고 있습니다.

그런데 언제가 될지 모를 최후의 심판에 관한 교회의 이러한 가르침은 "은혜로운 때에, 구원의 날에"(2코린 6,2) 회개하라는 사람들을 향한 일종의 하느님의 호소입니다. 즉 이는 사람들에게 하느님에 대한 거룩한 경외심을 불러

일으키고, 하느님 나라의 정의를 촉구하며, 주님의 재림에 대한 '복된 희망'을 알리는 것이지요.

신경에서 마지막으로 고백하는 "아멘"이라는 말은 하느님의 말씀과 약속과 계명에 대하여 믿음을, 또 그분의 무한하신 사랑과 완전한 성실성을 전적으로 신뢰함을, 나아가 하느님의 심판과 하느님의 나라가 참으로 도래하기를 믿고 희망한다는 고백입니다. 신경을 바칠 때마다 새 하늘과 새 땅, 즉 하느님 나라의 완전한 도래에 대한 희망을 새롭게 굳히는 님들이 되시기를 바랍니다. 아멘!

일곱째 글

전대사 받고 바로 죽으면 천국 가예?

하느님 우야꼬예?

/1

대사에 관한 기본적 이해

대사란 무엇일까요? 또 전대사는 무엇이고, 한대사 혹은 부분 대사는 무엇일까요? 전대사를 받으면 모든 죄가 사해지고, 그래서 전대사를 받고 바로 죽으면 천국으로 직행하는 것일까요?

'그리스도와 성인들의 공로'에 의지하면서 교회는 '예수 그리스도께로부터 받은 사죄권'으로 '죄인을 위해 하느님께 간구'하여 그 죄인이 받을 잠벌暫罰을 사면해 줄 수 있다고 가르칩니다. 이때 죄인을 위해 하느님의 용서를 중재하는 이러한 교회의 행위를 '대사'大赦 indulgentia라고 합니다.

교회의 이러한 중재는 살아 있는 신자들뿐 아니라 죽은 신자들에게도 적용됩니다. 교회는 성인들의 통공교리에 의지하여 대사를 통해 연옥영혼들을 도울 수 있다고 단언하고 있는 것입니다. 즉 교회의 대사가 정화의 과정 중에 있는 죽은 신자들이 받을 잠벌을 사면해 주는 역할을 할 수 있는 것입니다.

하지만 이러한 대사는 좋은 의미에서 시작되었음에도

불구하고 십자군 전쟁의 참여를 부추기고, 웅장한 교회 건축물의 건축을 위한 모금과 관련되는 등 교회의 역사에서 폐단과 흑역사의 자취를 뚜렷이 남겼습니다. 그리스도교를 크게 분열시킨 루터가 행한 가톨릭교회와의 싸움의 발단도 대사에 관한 논쟁에서 말미암은 것이었지요. 이리하여 대사는 교회 분열의 상처를 안은 채 아직도 한국의 교육 현장에서 소위 '면죄부' 免罪符라는 단어로 오역誤譯되어 불명예스럽게 통용되고 있습니다.

오늘날 우리 가톨릭교회에서 여전히 빈번하게 시행되는 이러한 대사에 대하여 얼마나 알고 계신가요? 많은 분들이 대사에 대해 애매모호한 지식을 갖고 계시지 않나 합니다. 특히 '전대사' 全大赦 indulgentia plenaria의 '전' 全이라는 표현으로 인해 대사가 자칫 연옥에서 받아야 할 모든 잠벌을 사해 주는 것으로 오해할 우려가 있습니다.

여기 일곱 째 글은 대사에 대한 올바른 이해를 목표로, 대사의 성경적인 기원과 그 역사에 관하여 그리고 대사의 장단점과 문제점에 대하여 알아봅니다. 본 글의 작성을 위해 『가톨릭교회 교리서』, N. Paulus의 『중세 대사의 역사』 1권 [Geschichte des Ablasses im Mittelalter. Vom Ursprung bis zur Mittes des 14. Jahrhunderts. Erster Band, Darmstadt: Wissenschaftliche Buchgesellschaft, 2000], 『가톨릭대사전』 등을 참조하였습니다.

고해 성사 후에도 남아 있는 벌, 잠벌

우리가 어떤 죄를 지었을 때 통회하고 고해 성사를 받게 되면 그 죄과에 대한 용서를 받게 됩니다. 하지만 이렇게 죄를 용서받았다고 해서 죄를 지음으로써 생긴 모든 폐해에 대한 책임까지 저절로 벗게 되는 것일까요? 아닙니다. 용서받은 죄인으로서 자신이 지은 죄를 갚기 위해 아직도 해야 할 일이 남아 있는 것입니다. 즉 죄인은 고해 성사에 참여함 외에도, 교회의 가르침대로라면 적절한 방법으로 자신의 죄를 보상하거나 '속죄'贖罪나 '보속'補贖을 행해야 한다는 것이지요.

잠벌은 이러한 속죄와 보속과 관련되어 있습니다. 죄를 지은 누군가가 하느님께 대한 열렬한 사랑에서 우러나오는 회개를 하고 보속을 하게 될 경우를 생각해 봅시다. 그러한 사람은 하느님의 은혜를 입어 온전한 정화에 이를 수 있기 때문에 자신이 지은 그 죄 때문에 장차 받아야 할 벌이 남아 있지 않게 되겠지요? 하지만 그렇지 않은 경우 죄인이 앞으로 받아야 할 '남아 있는 벌', 이를 '잠벌' 이라고 부르는 것입니다.

죄인은 회개로 죄를 용서받고 하느님과 맺는 친교를 회복하여 죄의 영벌을 면제받게 됩니다. 하지만 그런 우리가 지상의 삶을 사는 동안 보속을 다 하지 못한 경우, 죽음 후에도 남아 있는 그 (잠)벌을 연옥에서 마저 받아야 하는데, 대사 교리는 이 잠벌에 관련되어 있습니다.

'교회의 은사' 인 대사 발생의 배경

대사는 죄인에게 남아 있는 잠시적인 벌을 하느님 앞에서 면제해 주는 교회의 '은사' 恩赦입니다. 죄인이 범한 죄에 대해 치러야 할 형벌을 하느님 앞에서 사면받게 된다는 의미에서, 또 선한 지향을 가진 신자가 일정한 조건을 충족시켰을 때 교회의 행위를 통해 얻게 된다는 의미에서 은사입니다.

이렇게 교회가 베푼 은사인 대사는 가톨릭교회의 역사에서 어느 순간 갑자기 생겨난 것이 아닙니다. 일찍부터 교회 안에 있던 보속 실행의 경향이 계속 발전하여 생겨난 것이지요. 교회는 신자가 종교 규칙이나 규범에 어긋난 죄를 지어 '교회법적인 처벌'을 받게 될 경우, 그에 해당하는 벌을 완화시키거나 완전히 사면해 줄 수 있다고 여겼고, 실제로도 이러한 권한을 일찍부터 행사해 왔는데, 이처럼 교회가 행한 보속 실행의 관습에서 서서히 발전된 것이 대사입니다.

먼저 역할을 한 것으로는, 순교자의 중재 기도는 (마지막 심판의 날이 아니라) 지금 즉시 효과를 낸다는 교회의 생각과, 역사적으로는 순교자의 중재 기도로 (교회 내 배교자의) 파문에 대한 사면 복귀가 이루어진다는 교회의 인식입니다. 이러한 요소들이 대사 교리 정립에 영향을 끼친 것이지요.

대사 교리의 근거

교회가 시행하고 있는 대사 교리의 근거로는 "죄는 두 가지의 결과를 낳는다."는 교회의 기본적인 입장을 들 수 있습니다.

먼저 "대죄는 죄인으로 하여금 하느님과 이루는 친교를 박탈하여 영원한 생명을 누릴 수 없게 한다."는 교회의 입장입니다. 이러한 (지옥에서 받는) 죄인의 영원한 생명의 상실을 '죄의 영벌'이라고 합니다.

다음 (대죄든 소죄든 모든 죄는 이 세상에서의 정화를 필요로 한다는 원칙에서) "이 세상에서의 정화가 부족한 죄인의 경우, 이러한 죄인에게는 죽음 뒤에 연옥이라고 부르는 상태의 정화를 필요로 한다."는 교회의 입장입니다. 이러한 (연옥에서 받는) 죄인의 벌을 '잠벌' 이라고 합니다.

여기서 영벌은 고해 성사로 없어질 수 있지만, 잠벌은 그렇지 않습니다. 그러면 어떻게 해야 하는 것일까요? 교회의 기본적인 가르침은 다음과 같습니다.

> 죄를 용서받고 하느님과 맺는 친교를 회복하면 죄의 영벌은 면제되지만 잠벌은 남아 있다. 그리스도인은 갖가지 고통과 시련을 인내로이 견디고, 때가 되면 죽음을 차분한 마음으로 맞음으로써 죄의 잠벌들을 은총으로 받아들이도록 힘써야 한다. 그리스도인은 자비와 자선의 행위와 더불어 기도와 여러 속죄 행위로 "묵은 인간"을 완전히 벗어 버리고, "새로운 인간"으로 갈아입도록 힘써야 한다.(『가톨릭교회교리서』 1473항)

남아 있는 '잠벌' 의 면제를 위한 신자들의 이러한 노력에 더하여 교회가 도와주는 것이 대사인데, 그 근거로 빠뜨릴 수 없는 것이 '성인들의 통공' 입니다. 즉 교회가 가르치는 그리스도의 속죄, 공로, 하느님의 어머니 성 마리아를 비롯한 모든 성인의 기도, 선업에 의지하는 영적인 보화와 같은 성인들의 통공 교리가 대사 교리에 중요한 기반이 된다는 것입니다.

/2
대사의 기원과 역사

대사의 성경적인 기원

> 사실은 여러분 가운데에서 불륜이 저질러진다는 소문이 들립니다. 이교인들에게서도 볼 수 없는 그런 불륜입니다. 곧 자기 아버지의 아내를 데리고 산다는 것입니다. 그런데도 여러분은 여전히 우쭐거립니다. 여러분은 오히려 슬퍼하며, 그러한 일을 저지른 자를 여러분 가운데서 제거해야 하지 않겠습니까? …… 여러분은 여러분 가운데에서 그 악인을 제거해 버리십시오.(1코린 5,1-2.13)

초대교회 신자들은 큰 죄를 지었을 경우에 자신이 속한 교회 공동체에서 단죄되고 축출되어야 했습니다. 하지만 이 경우도 자신의 죄를 고백하고 속죄하는 죄인은 그 죄를 용서받고 다시 교회 생활에 참여할 수 있었습니다. 이때 큰 역할을 한 것이 사도들을 비롯한 공동체 구성원의 기도였지요. 사도들은 죄인의 속죄에 교회 공동체가 동참하여 하느님께 죄인의 용서를 간구할 것을 권고하였던 것입니다.

그러므로 서로 죄를 고백하고 서로 남을 위하여 기도하십시오. …… 의인의 간절한 기도는 큰 힘을 냅니다. …… 여러분 가운데에서 어떤 사람이 진리를 벗어나 헤맬 때 누가 그 사람을 돌이켜 놓았다면, 이 사실을 알아 두십시오. 죄인을 그릇된 길에서 돌이켜 놓는 사람은 그 죄인의 영혼을 죽음에서 구원하고 또 많은 죄를 덮어 줄 것입니다.(야고 5,16.19-20)

실제로 사도들이 코린토 교회에서 이탈한 자들을 다시 교회 공동체에 받아들인 일이 있었는데, 성경은 〈잘못한 자에 대한 용서〉라는 제목으로 다음 말씀을 전하고 있습니다.

누가 나를 슬프게 하였다면, 과장 없이 말해서 나만이 아니라 어느 정도는 여러분을 모두 슬프게 한 것입니다. 그 사람은 여러분 대다수에게서 충분한 벌을 받았습니다. 그러니 여러분은 이제 반대로 그를 용서하고 위로해 주어야 합니다. 그러지 않으면 그 사람이 지나친 슬픔에 빠지고 맙니다. 그러므로 나는 여러분이 그를 사랑하고 있음을 그에게 확인시켜 주기를 권고합니다.(2코린 2,5-8)

여기에서 죄는 개인의 사적인 일이 아니라 전 공동체로부터의 추방이며 하느님의 축복을 막는 장애가 되는 일로 나타납니다. 결국 성경에 의하면, 죄는 공동체를 위하여 제거되어야 하는 성격의 것으로, 대사는 이를 위한 교회의 노력과 실천 과정에서 생겨나게 된 것이지요.

2-3세기 교회에서의 대사 실천

대사는 교회의 역사적 측면에서 볼 때, 서방 교회의 전통 안에서 자라났습니다. 곧 일찍부터 서방 교회 내에 죄인들을 위한 기도와 고행, 그리고 성인 통공聖人通功의 기도 등이 행해지고 있었는데, 이러한 실천들이 대사의 발생을 가능하게 한 원칙으로 작용하였습니다.

대사는 구체적으로 2,3세기경 교회가 보속을 끝내지 못하고 이탈한 사람을 '순교자들의 중재 기도'를 고려하여

'사면' 赦免 reconcililiatio을 베풀던 것에서 시작되었습니다. 순교자들의 중재 기도가 죄인들에게도 나누어진다고 여긴 당시의 교회는, 죄인들이 행해야 할 보속이 종료되기 전이라도 경우에 따라 그들에게 사면을 나누어 줄 수 있다고 간주하여 그렇게 한 것이지요.

이와 함께 교회 안에 다음과 같은 인식이 분명해졌습니다. "교회의 사면을 통해 죄인의 죄과와 그가 받게 될 영원한 지옥벌이 사함 받을 뿐만이 아니라 연옥에서 받게 될 시간적인 죄벌도 사함 받게 된다." "이러한 벌의 사함은 속죄자가 앞서 실행한 참회에 비례한다."

당시의 교회는 죄인들의 보속 실행에 순교자들의 중재 기도가 더해지면, 속죄자에게 '시간적인 죄벌' 잠벌에 대한 사함이 그만큼 더 많이 이루어질 수 있다고 여겼습니다. 순교자들의 중재 기도는 하느님 앞에서 그 효과가 더 확실한 것으로 생각되었기 때문이지요.

실제로 교회는 순교자들의 중재 기도를 고려하여 속죄자들에게 속죄 기간을 줄여 주기도 했는데, 이는 2,3세기에 종종 있던 일이었습니다. 특히 병을 앓는 속죄자들에게, 그들이 행해야 할 보속을 다 못하고 죽게 되는 경우 (그 임종의 침상에서) 그 보속을 면해 주는 관습이 있었지요.

6세기 속죄 규율의 변화

대사 교리에서 간과할 수 없는 중요한 관점이 바로 '고해 성사와의 관련성' 입니다. 우선 죄의 용서에 대한 교회의 기본적인 입장은 이러한 것입니다. "시간적인 죄벌에 대한 사함은 고해 성사를 통해서만 가능하다." "교회의 사면을 통해 죄과와 영원한 죄벌에 대한 사함이 이루어진다." 이처럼 사면에 대한 교회의 입장은 기본적으로 (고해) 성사적인 사죄에 기반하고 있습니다. 즉 교회는 대사를 그 기원에서부터 결코 '고해 성사와 무관하게' 혹은 '고해 성사 밖에서의 일' 로 여기지 않았다는 것입니다.

다음 소개하는 교회의 참회 관습에서 대사와 고해 성사의 역사적인 관련성이 드러납니다. 교회가 실시하던 참회와 용서는 처음에는 주교가 집전하던 '공동화해예절' 로 베풀어졌습니다. 그러다가 시간이 지나면서 이 예절을 (본당)신부도 주례할 수 있게 되어 속죄관습에 공동 고백 대신 개인적 '비밀 고백' 이 도입되었습니다. 나중에는 여기에서 오늘날과 비슷한 '고해 성사' 가 교회에서 행해지게 된 것이지요.

이러한 고해 성사의 관습에서 '속죄자의 통회' 와 '죄의 고백', '하느님으로부터의 사죄赦罪' 에 덧붙여 '잠벌에 대해 보속을 부과하는 관습' 이 교회 안에 생겨났습니다. 그리고 이러한 관습이 대사실천에 영향을 주게 되었습니다. 결국 신자들의 보속 실천을 도와주는 교회의 사목적 배려에서 대사가 나오게 된 것입니다.

> 고해 신부는 보속을 부과하는 재량권을 가지고 신자들의 일상 생활에 지장이 되는 오랜 기간의 엄격한 보속을 실천하기 쉬운 신심 행위(기도, 성지 순례, 성당 참배)와 선업(자선)으로 대체하였다. 이러한 보속의 대체는 신자들을 위한 사목적 배려에서 교회가 고행과 같이 엄격한 보속을 완화한 조처였다. 아울러 교회는 보속을 완수하지 못한 채 다시 죄를 지어 천문학적 비례로 증가된 보속을 끝내지 못하고 죽은 형제들의 구원을 위해서는 살아 있는 신자들이 대속하도록 허가하였다.(김성태, '대사', 『한국가톨릭대사전』 3권, 1600쪽)

11세기 속죄규율의 변화

9세기에 들어 초대교회가 공개 속죄자의 사죄를 공동체의 전구로써 돕던 대속과 같은 사면의 관습이 교회 내에 생겨났습니다. 주교들은 신자들의 모든 잠벌을 용서해 줄 것을 그리스도와 성인들의 전구를 통해 하느님께 간청하였고,

그러한 기도가 담긴 사면서赦免書를 당사자에게 전달하였습니다. 이러한 사면서는 이미 '고해 성사를 통해 용서받은 죄의 잠벌에 대한 용서'를 청하는 일반적인 전례 성격을 띤 것이었지요. 10세기에 이르자 이제 교황들은 수도원과 성당의 필요에 대해 재정적으로 후원하는 선행을 조건으로 사면을 부여하게 됩니다.

이렇게 하여 11세기 초, 대사는 교회 내에서 정식으로 시행되었고, 다음 세기에 이르러 신학적으로도 정의되었습니다. 이러한 배경에는 다음 11세기 이후 변화된 고해 성사 실천의 역사가 있습니다. 그것은 그전까지 '먼저 죄를 고백하고, 다음으로 보속을 행하면 베풀어지는 화해의 사면'이었던 죄인의 속죄 순서가 11세기 들어서는 '죄에 대한 고백에 이어 사죄가 따르고 마지막으로 행하는 보속'으로 바뀌었다는 것입니다.

이에 따라 명백하게 구분된 것이 죄의 잘못culpa과 죄의 벌poena, 그리고 영벌永罰과 잠벌暫罰이라는 개념입니다. 이때 영벌의 대상인 '죄의 잘못'은 고해 신부의 '사죄경'을 통해서 용서받게 되고, '잠벌'은 고해 신부가 부과하는 '보속'을 통해서 탕감된다는 것이 당시 교회의 가르침이었습니다. 이러한 입장이 대사 교리의 발전에 큰 역할을 하게 된 것이지요.

대사의 본격적 시행

중세의 교회에는 심한 범죄 행위를 저지른 죄인이 긴 시간의 순례를 행해야 하는 경우가 드물지 않았습니다. 당시 교회는 이들의 어려움을 헤아려 로마 순례자들에게 보속의 일부를 면제해 준 것처럼, 로마가 아닌 다른 교회들과 거룩한 장소들을 방문하면 그들의 보속을 경감시켜 주는 경우가 차츰 많아지게 되었습니다.

그러다가 1035년에 스페인 주교 중의 한 사람이 자신의 교구 수도원 성당을 위해 은전恩典을 베풂으로써 대사가 본격적으로 실시되었습니다. 하느님과 사람을 사랑하는 진정한 신앙심을 가지고 성당의 유지를 위해 헌금하거나, 빵과 포도주와 같은 물품을 기증하는 선행을 실천하는 경우 교구장으로서 신자들에게 사순절에 행해야 할 단식과 보속의 기간을 단축시켜 주었는데, 이러한 실행이 오늘날의 '한대사'限大赦 혹은 '부분 대사'部分大赦의 기원이 된 것이지요.

한편 '전대사'全大赦는 1095년 교황 우르바노 2세Urbanus PP Ⅱ. 1088-1099가 십자군에 참전하는 병사들에게 고해 성사를 통해 사죄받은 죄의 잠벌을 모두 탕감해 주는 대사를 반포한 것에서 기원합니다.

이후 교회는 개별 순례자에게 '보속을 완화'해 주는 등 신자들에게 경우에 따라 개별적으로 보속의 사면을 베풀었습니다. 12세기에 들어 교황들은 엄격했던 보속에 대한 이러한 사면을 일반화 할 필요를 느껴 경건한 정신으로 사도들의 무덤을 방문하는 모든 순례자들에게 그들이 행해야 할 '보속의 일부'를 사면해 주게 되었습니다. 이때 생겨난 것이 일반적인 '로마 순례 대사'이지요.

/3

대사 교리에 관한 이론적 정립과 정의

대사 교리의 신학적 정립

12세기에 이르러 그동안 시행되어 오던 대사에 대한 신학적 의미와 정의가 정립되었습니다.

푸와티에Poitier의 피에르Pierre +1170와 베드로 롬바르도P. Lombardus 1110-1160와 같은 학자들은 "대사를 얻기 위해서는 죄악에 대한 진정한 뉘우침이 필요하다."고 가르쳤고, 또한 선업(헌금)과 물품 기증에 의해 부여되는 대사의 효과는 기부금의 액수나 기증품의 분량보다 대사를 얻으려고 선행을 하는 사람의 마음 자세에 달렸다고 가르쳤습니다.

후구치오Huguccio +1210는 "교회가 잠벌에 대한 속죄 행위인 보속에 대한 관할권을 지니고 있다."고 가르쳤습니다.

생 세르St. Cher의 위고Hugh +1230는 "그리스도의 무한한 성혈 공로와 성인들의 넘치는 보속 공로가 교회의 보고에 보관되어 있고, 이 보고를 주관하는 교황은 그러한 공로의 보화를 신자들에게 분배할 수 있다."고 주장하였습니다. 교회가 과거에 대리 기도를 통해서 면제하던 잠벌을 이제 교회법적 행위인 대사 부여를 통해서 탕감하게 되었다는 것이지요.

성 알베르토St. Albertus Magnus 1206-1280와 보나벤투라Bonaventura 1218?-1274 같은 스콜라 신학자들은 "교회의 사면과 선행이 고해 성사에 따르는 보속의 부족함을 대체한다는 것"을 강하게 주장하였습니다.

1300년 교황 보니파시오 8세1294-1303는 성년聖年을 설정하고, 신자가 자기 죄를 진심으로 뉘우치고 신앙심을 지닌 채 성도 로마의 베드로와 바오로 사도의 무덤을 참배하는 경우에 '성년 전대사'를 부여한다고 발표하였습니다.

1350년 교황 클레멘스 6세1342-1352는 교서 「하느님의 외아들」Unigenitus Dei Filius을 통해서 '성년 전대사'를 반포하였습니다. 교황은 여기서 '대사의 원천은 교회 보고에 간직되어 있는 예수 그리스도와 성인들의 공로 보화'라고 내세우는 신학자들의 견해를 대사 교리로 확정하였습니다. 즉 교황은 '대사를 반포하여 죄를 진실로 뉘우치면서 고백하고 용서받은 신자들에게 잠벌을 전부 또는 부분적으로 면제'해 줄 수 있다고 선언하였던 것입니다. 대사의 은혜를 입으려면 죄에 대한 진실한 뉘우침과 함께 고해 성사를 통한 고백과 '사죄'라는 조건을 필수적으로 채워야 한다는 것이지요.

대사에 관한 『가톨릭교회교리서』의 가르침

『가톨릭교회교리서』 1471항은 "교회 안의 대사에 관한 교리와 관습은 고해 성사의 효과와 밀접하게 연관되어 있다."고 하면서 대사란 다음과 같은 것이라고 가르칩니다.

> 대사란 이미 그 죄과에 대해서는 용서받았지만, 그 죄 때문에 받아야 할 잠시적인 벌을 하느님 앞에서 면제해 주는 것인데, 선한 지향을 가진 신자가 일정한 조건을 충족시켰을 때, 교회의 행위를 통해 얻는다. 교회는 구원의 분배자로서 그리스도와 성인들의 보속의 보물을 자신의 권한으로 나누어 주고 활용한다.
>
> 대사는 죄 때문에 받게 될 잠시적인 벌을 부분적으로 면제하느냐, 전적으로 면제하느냐에 따라 부분 대사와 전대사로 구분된다. 어느 신자든지 자기 자신을 위하여 대사를 얻을 수 있고 또는 죽은 이들을 위하여 활용할 수도 있다.

여기서 "죽은 이들을 위하여 활용할 수도 있다."는 표현은 『가톨릭교회교리서』 1479항의 가르침에서 명확해집니다.

정화 중에 있는 죽은 신자들도 성인들과 통공을 이루는 같은 지체들이므로, 우리는 그들을 위한 다른 도움과 더불어, 특히 그들의 죄로 말미암은 잠벌을 사면해 주는 대사로써 그들을 도울 수 있다.

대사에 관한 신학적 정의

이러한 대사 교리는 신학적인 용어로, 죄인이 장차 연옥에서 받게 될 유한한 죄벌에 대해 '고해 성사 밖에서 교회를 통해 베풀어진, 하느님 앞에서의 유효한 면제'로 정의할 수 있습니다. 교회는 그리스도로부터 맺고 푸는 권한을 위임받아(마태 16,18 참조) 죄벌을 부과할 권한을 갖고 있고, 또 그 구성원에게 부과된 죄벌을 완화하거나 면제해 줄 권한도 갖고 있기 때문이지요.

/4
대사 시행에 따른 장단점

대사 시행의 결과와 문제점

대사를 시행함으로써 그에 따르게 된 긍정적인 결과는 어떤 것이 있을까요? 대사를 시행함으로써 전체 교회 내에서 대사가 부여되어 있는 성지 순례와 성당 참배의 신심 행사가 활발하게 되었습니다. 또한 대사 획득의 조건인 '선행의 수단으로 등장한 기부금' 이 수많은 예술품을 낳게 하여 중세 서구 문화 융성에 크게 이바지하였습니다.

그러면 대사를 시행함으로써 그에 따르게 된 부정적인 결과는 어떤 것이 있을까요? 먼저 11세기경 교황청 대분규 시대의 교황들의 경우를 예로 들 수 있습니다. 당시 교황 선출에 있어 의견의 일치를 보지 못해 생겨난 소위 '대립교황들' 이 서로에 대한 대립 의식에서 자신의 권위를 과시하는 수단으로 대사를 남용하게 된 면이 있습니다.

다음으로 대사가 '성전 건립을 위한 기부금을 모금하기 위한 수단' 으로도 활용됨으로써, 마치 교회의 부를 축적하기 위한 수단인 것처럼 오인되었습니다. 즉 1215년 제4차

라테란 공의회가 교회 내 대사 남용에 대해 공식적인 경고를 내렸음에도 불구하고, 15세기 중엽에 이르러 대사 획득을 위한 전제 조건으로 '선행' 대신에 '현금 지불'이 가능해짐으로써 대사가 남용되고, 마침내 대사가 교회의 주요 수입원이나 되는 것처럼 여겨진 것이지요.

고해 성사 후 잠벌에 대한 면제

앞에서 살펴본 대로 『가톨릭교회교리서』는 대사를 다음과 같이 정의합니다.

> 대사란 이미 그 죄과에 대해서는 용서받았지만, 그 죄 때문에 받아야 할 잠시적인 벌暫罰을 하느님 앞에서 면제해 주는 것인데, 선한 지향을 가진 신자가 일정한 조건을 충족시켰을 때, 교회의 행위를 통해 얻는다. 교회는 구원의 분배자로서 그리스도와 성인들의 보속의 보물을 자신의 권한으로 나누어 주고 활용한다.(1471항)

여기서 대사에 관한 교리를 제대로 이해하려면 "대사란 이미 그 죄과에 대해서는 용서받았지만, 그 죄 때문에 받아야 할 잠시적인 벌을 하느님 앞에서 면제해 주는 것"이라는 표현에 유의해야 합니다. 이 대목에서 죄는 '지시 대명사' 인 '그' 로써 한정지어져 있습니다. 즉 대사는 모든 죄가 아니라 '그 죄' 때문에 받아야 할 어떤 잠벌을 면제해 주는 것이라는 말입니다. 그럼 그 죄는 무엇을 말하는 것입니까? 이는 죄인이 범한 모든 죄가 아니라 어떤 특정의 죄를 말하는 것이고, 또 보통의 죄가 아니라 뉘우치고 고백하여 죄사함을 받은, 즉 고해 성사를 본 특정의 죄를 말한다는 것입니다. 그렇다면 죄를 범한 후 정당하게 고해 성사를 통해 죄사함을 받은 어떤 신자가 '선한 지향으로 교회가 정한 조건을 이행한 경우' 그 죄 때문에 받아야 할 잠벌을 면제받도록 도와주는 역할을 하는 것이 바로 대사라는 것이지요.

이제 전대사와 부분 대사의 차이에 대한 이해가 쉬워졌기를 바랍니다. 전대사는 '죄인이 범한 모든 죄 때문에 받아야 할 모든 벌' 에 대해서가 아니라 "죄인이 범한, 또 고해 성사를 본 그 죄 때문에 받아야 할 그 벌을 모두 면제' 하는 것으로, 한대사는 '죄인이 범한, 또 고해 성사를 본 그 죄 때문에 받아야 할 그 벌을 부분적으로 면제' 하는 것으로 이해해야 한다는 것입니다.

한국어 교리서의 대사 표현의 문제

『가톨릭교회교리서』는 위와 같이 대사를 정의하면서 "대사는 죄 때문에 받게 될 잠시적인 벌을 부분적으로 면제하느냐, 전적으로 면제하느냐에 따라 부분 대사한대사와 전대사로 구분된다."(1471항)고 설명합니다. 대부분의 한국어 교리서가 이와 유사한 내용으로 대사를 설명하고 있지요. 그런데 이는 전대사에 관해 오해를 불러일으킬 수 있는 위험한 표현이 아닐 수 없습니다. 결정적인 표현이 '죄 때문에 받게 될 잠시적인 벌'을 '전적으로 면제'한다는 문장입니다. 이는 마치 '죄인이 받아야 할 모든 잠벌을 다 면제'해 주는 전능한 특전인 양 대사에 대한 잘못된 이해를 부추길 위험이 있는 표현이라는 것이지요.

교리서 원문의 뜻을 살려 정확히 번역하면 다음과 같습니다. "대사는 '죄 때문에 받게 될 그 잠시적인 벌' 영어 교리서 혹은 '그 어떤 잠시적인 벌' 독어 교리서을 부분적으로 면제하느냐, 전적으로 면제하느냐에 따라 부분 대사와 전대사로 구분된다." 무슨 차이가 있을까요? 즉 한대사와 전대사는 '모든 죄에 대한 모든 잠벌' 혹은 '죄에 대한 모든 잠벌'이 아니라 어디까지나 '(고해 성사로 사함을 받은) 죄에 대한 잠벌' 혹은 '그 어떤 죄에 대한 잠벌'에 대한 '부분적 면제'

혹은 '전적인 면제' 에 따른 정의라는 것이지요! 곧 이 말은 '전대사' 는 모든 죄가 아니라 (올바른 뉘우침으로 고해 성사를 본) 어떤 죄에 해당하는 잠벌의 전적인 면제이고, '부분 대사' 는 그 어떤 죄에 해당하는 잠벌의 부분적인 면제라는 것입니다.

'전대사' 와 '부분 대사', 그 구별의 유감

대사에 관한 성경적 기원, 대사의 역사적 발전 과정, 대사가 가진 장단점과 한계, 특히 전대사와 한대사라는 표현이 가지고 있는 문제점을 알아보았습니다. 그렇다면 전대사와 부분 대사의 차이는 어떠할까요?

죄인이 미래에 받아야 할 잠벌이 있다면, 그 모든 잠벌에서의 면제라는 관점에서 생각해 보았으면 합니다. 즉 그 잠벌 가운데 어떤 벌에서의 '전적인 면제' 아니면 '부분적인 면제', 그 차이가 그렇게 대단하고 중요한 것일까요? '잠벌에서의 면제, 그 정도' 는 어디까지나 죄인의 정성과 준비에 따라, 또 하느님의 판단과 호의에 따라 이루어지는 것이고, 게다가 모든 대사가 결과적으로는 모든 잠벌에 대한 부분적인 면제라면, 굳이 대사를 전대사와 한대사로 구별할 필요가 있을까요? 더구나 역사적으로 볼 때, 교황님들이 일반

주교님들과는 좀 다르게 보이려고 차별화하여 반포한 것이 전대사 같은데 말이지요. 대사에 대해 신자들이 착각 할 수 있는 가능성과 염려를 고려한다면, 아예 전대사라는 용어 자체를 사용하지 않는 것이 낫지 않을까요? 즉 전대사, 부분 대사 구별 없이 그냥 대사로 부르는 것이 더 바람직하지 않나 합니다.

앞서 말씀드린 것처럼 전대사는 죄인이 받아야 할 모든 잠벌을 다 면제해 주는 것으로 오해할 위험이 있습니다. 전대사가 만일 그러한 것이라면, 특정한 날 그 대사를 받은 사람이 바로 죽게 될 경우에는 어떻게 될까요? 그는 더 이상 정화의 과정을 필요로 하지 않는 영혼이므로 연옥도 거치지 않고 바로 천당으로 간다고 해야 하지 않을까요? 물론 하느님의 판단과 은총에 달린 일이지만, '단 한 번의 대사로써 연옥의 정화를 전혀 필요로 하지 않는 죄인이 있을 수 있다는 것' 은 무리하고도 부당한 해석이라고 할 수밖에 없습니다.

대사에 대한 올바른 교육의 필요성

먼저 교회가 전대사의 개념을 계속 사용한다면 신자들에게 대사에 대한 오해가 없도록 올바로 가르쳐야 합니다.

대사에 대해 먼저 설명하고, 그다음 전대사와 한대사에 대해 설명하는 것은 올바른 이해를 위해 바람직한 방식이 아닌 것 같습니다. 차라리 '가톨릭 성인 교리서' 라는 부제의 『그리스도의 가르침』R. 로울러 외 편저, 오경환 역, 성바오로출판사, 1977에 나타난 설명 방식이 전대사와 한대사의 이해를 위해서 효과적으로 보입니다. 여기서는 고해 성사와 관련한 개인적인 참회를 설명하면서 '보속' 이라는 항목 안에서 '은사' 의 관점으로 다음과 같이 말하고 있습니다.

> 교회는 죄에 대한 '현세적 벌' 이 있다고 믿는다. …… 고해자가 보속 행위로써 벌을 스스로 받지 않으면, 이 세상에서는 죽은 후 연옥에서 죄에 대한 벌을 받을 것이다. …… 우리의 죄악은 생각하기보다 더욱 중하고, 우리의 보속 행위는 흔히 미약하다. 약점을 가진 우리를 돕기 위해서 교회는 신자들에게 은사를 제공하기도 한다. 은사는 이미 용서받은 죄에 해당하는 현세적 벌의 전부전대사, 全大赦나 부분한대사, 限大赦의 면제를 말한다. …… 은사를 얻기 위해서는 기도를 하든지 아니면 교회가 은사에 부과하는 선행을 해야 한다. 은사는 일종의 지레 장치 같아서, 개인이 하는 비교적 작은 신심 행위라도 큰

은혜를 가져다 준다.(504–505쪽)

나아가 교회는 신자들에게 '대사를 강조하기 이전에', 죄에 대한 올바른 성찰과 통회, 그리고 보속과 사랑의 생활이 필요하다는 것을 더 열심히, 또 바르게 가르칠 필요가 있겠습니다.

신자들은 장차 연옥에서의 잠벌을 다 면제받을 것이라는 희망으로 전대사를 얻기 위해 열성을 보이기보다, 자신이 받을 잠벌을 현세에서의 바람직한 보속으로 기워 갚는다는 의식을 먼저 가져야 합니다. 즉 신자들은 '자신이 지은 죄를 용서받아' 하느님의 은혜를 입은 사람으로서 자선하고 봉사하는 사랑의 삶을 살아가기를, 그리고 희생하고 양보하며 절제하는 보속의 삶을 살기를 더 노력해야 한다는 것입니다.

『가톨릭교회교리서』의 가르침에 귀를 기울여야 하겠습니다. "이처럼 교회는 (대사로써) 그 신자를 도울 뿐 아니라 신심 행위와 참회와 자선을 행하도록 그를 격려하기도 한다." (1478항)

여덟째 글

신앙 생활을 우예 하면 되는데예?

하느님 우야꼬예?

/1

친교의 하느님과 공동체적인 인간

성경에 나타난 친교의 하느님

주님께서는 나를 사랑하십니다. 그래서 주님은 나를 위해서 당신의 목숨까지 내어 놓으셨습니다. 그러나 주님께서는 나만을 사랑하지 않으심을 우리는 알아야 합니다. 그분은 내가 아닌 다른 사람을 위해서도 오시고, 또 돌아가시기까지 하셨지요. 그분은 나와 더불어, 다른 이와도 함께 사랑을 나누고자 하십니다. 사랑의 하느님, 친교의 하느님이 바로 그분이시기 때문입니다. 하느님은 나의 하느님인 동시에 우리의 하느님이십니다. 그분께서는 나를 포함한 우리 모두와 당신의 사랑을 함께 나누고 싶어하시며, 우리 모두를 그 사랑의 친교에로 부르고 계십니다.

성경은 이러한 하느님과 당신 백성 사이의 사랑과 친교의 역사를 기술하고 있습니다. 특히 구약 성경이 전해 주는 내용은 하느님께서 당신 백성에게 자애로움으로 다가가시고, 그 백성을 선택하시고, 그 백성에게 호의를 보이시고, 그를 구하신다는 것입니다. 주님은 당신 자신을 '사랑하는 분'

으로, 당신의 백성에게 '사랑에 빠진 분' 으로, 때로는 바보스러울 정도로 당신 백성에게 반한 분으로 자신을 계시하시는 것이지요. 이렇게 구약 성경에서 주로 묘사하고 있는 것은 바로 하느님과 이스라엘, 하느님과 인간의 관계입니다. 그래서 우리가 구약 성경을 볼 때 관심을 두고 보아야 하는 것은 하느님에 대한 이스라엘과 인간의 태도, 이스라엘과 인간에 대한 하느님의 반응입니다. 이러한 관찰을 통해 하느님은 '이스라엘을 사랑하시고, 인간을 사랑하시는 분' 으로 드러날 것입니다.

이스라엘을 특별히 사랑하시는 하느님

하느님은 이스라엘이 자신에게 여러 가지로 불충하였음에도 불구하고 그에게 변함없는 사랑을 보여 주셨습니다. 그분께서는 이스라엘 백성의 많은 잘못에도 불구하고 그를 특별히 사랑하셨습니다. 야훼 하느님은 모든 만물을 당신을 위한 소유물로 삼으셨지만 이스라엘은 특별한 소유물로 취급하셨지요. 예언자들은 이스라엘 백성들이 늘 새롭게 이 특별한 소유 관계를 상기하도록 했습니다.

이스라엘과 하느님과의 특별한 관계에 대한 역사적인 증거가 바로 이집트 종살이에서의 해방입니다. 이스라엘 구원의 역사 그 시초에 이방인 통치에서의 해방이 자리하고 있고, 이 해방이 이스라엘 사람들을 하나의 백성이 되게 하였습니다. 그리고 이 백성됨은 시나이 산에서의 계약 체결로 완성되었습니다. 야훼가 이스라엘 백성을 이집트에서 이끌어 내셨기에 자신을 그 백성에게 드러내 보이시고, 그 백성과 계약을 체결하셨기에 야훼 하느님과 그 백성 사이에는 쌍방의 의무라는 이중적인 관계가 형성되었습니다. 이스라엘 백성의 야훼께 대한 충실과 야훼의 백성에 대한 사랑이 그것입니다. 이러한 이중적인 관계가 바로 이스라엘 백성과 하느님 사이에 친교를 이루는 것입니다.

사랑의 계명을 따라야 할 이스라엘

하느님께서 이스라엘을 자신의 것으로 삼았기에(레위 20,26 참조) 이스라엘은 그분에게 사랑을 보이고, 그분의 계명을 지켜야 합니다. 하느님께서 바라시는 것이 바로 이것입니다. 하느님 은총에 의해서 형성된 작품과 같은 이스라엘이기에 하느님을 사랑하고 그분의 뜻에 따라야 합니다. 하느님께서 원하시는 길을 가야 합니다. 구약 성경에서 또 드러나는 것은 이스라엘의 행동이 신적인 선택 행위에 상응하지 않게 되면 하느님의 심판이 따르게 된다는 것입니다.(신명 4,26.27 참조). 이스라엘을 뭇 민족 가운데서 흩으시고 사라지게 할 것이라는 하느님의 말씀은 결코 이스라엘에 대한 마지막 말씀이 아니었습니다. 하느님께서는 이스라엘을 완전히 버리지 않으셨고, 이스라엘은 하느님의 백성으로 남은 것입니다. 하지만 이스라엘이 하느님의 백성이 되는 일은 아무런 대가의 치름 없이 그저 되는 일이 아니라 유배의 벌과 같은 심판을 통해서 이루어진 것입니다.

공동체적 인간

우리는 함께 살도록 창조되었습니다. 하느님께서는 인간을 창조하시되 남자와 여자로 창조하셨습니다. 인간은 가족을 이루어 공동체 속에서 사회 생활을 하며 살도록 창조되었습니다. 아무리 튼튼한 나무도 그가 자리한 숲의 나무들을 다 베어버리면, 허허벌판의 거센 바람을 홀로 견디며 잘 살아갈 수 없다고 합니다. 한 그루의 나무도 그러한데 이미 태초부터 함께 살도록 창조된 사람은 어떠할까요? 하느님은 우리가 개개인으로서가 아니라 다른 이와 함께 살아가기를, 그것도 사랑하며 살아가기를 바라십니다. 실제로 우리 삶이 그러하지 않습니까? 우리는 혼자 살지 않고 함께 사는 것입니다. 독신의 삶을 사는 저 같은 성직자들도 그러합니다. 나라는 존재는 수많은 관계 속에서 살고 있습니다. 바로 친교의 관계 속에서 살고 있는 것이지요.

함께 있다는 것이 바로 친교의 삶의 출발점입니다. 진정한 인간의 삶은 만남으로 이루어지는 것입니다. 인간은 원래부터 함께 있도록 창조되었기에, 우리는 함께 사는 사람들을 그저 나의 필요에 의해서 이용하는 대상으로 여겨서는 안 됩니다. 세상을 살되 세상의 사람들을 오직 나의 유익을 위한 그 무엇으로만 여기는 사람은 이미 참된 인간이라고 할 수 없습니다. 세상의 사람들을 진심으로 내가 함께 살아가야 할 사람들로, 나도 그들을 위해서 무언가를 해야 할 사람으로 여길 수 있어야 참된 사람인 것이지요.

우리를 친교로 부르고 계신 하느님

하느님에 대해서도 마찬가지로 말할 수 있을 것입니다. 하느님은 내가 필요하면 믿고, 필요하지 않으면 버려도 되는 그런 대상이 아닙니다. 하느님은 나와 별 관계없는 그 무엇이 아니라 나와 본질적으로 관계있는, 내가 말씀을 건네고 말씀을 듣고 대화하며 만날 수 있는 상대자, 대화의 파트너와 같은 '너' 이십니다. 곧 '하느님은 우리 인간과의 친교 속에 계신 분' 이십니다. 우리와의 친교를 외면하시는 하느님은 생각할 수가 없습니다.

사랑의 하느님은 친교의 하느님이시고, 친교의 하느님은 우리를 당신과의 사랑에로, 곧 친교에로 부르고 계십니다. 친교의 관계 속에 살고 있는 우리는 서로 사랑하는 가운데 하느님께 사랑의 응답을 드릴 수 있습니다. 이렇게 친교의 삶을 사는 나에게 하느님은 결코 나와 무관한 그 어떤 분이 아니라 바로 내 사랑의 응답을 기다리고 계신 분이시고, 나를 사랑하시는 분, 나의 하느님, 나의 주님, 나의 구세주이십니다.

하느님과 나의 관계는 어떠합니까? 하느님은 혹시 나에게 그저 그 무엇이 아닙니까? 또 나와 내가 아는 다른 사람들과의 관계는 어떠합니까? 친교는 오직 '나와 인격적인 대상으로서의 너' 사이에서만 가능합니다. 그리스도인은 우선적으로 친교를 추구하는 사람이어야 합니다.

/2

교회 공동체의 친교와 사랑

하느님의 새로운 백성인 교회

구약의 이스라엘 백성은 신약의 새로운 백성인 교회로 이어졌습니다. 이 새로운 백성에서 중심적인 역할을 하는 것은 구약에서처럼 더 이상 계약과 율법이 아닙니다. 바로 '예수 그리스도께 대한 믿음'이 이 백성의 중심이지요. 이 세상에 오신 하느님의 아들이신 예수 그리스도께서 이제 하느님의 백성에 대한 소속 여부를 결정짓게 된 것입니다. 물론 이 새로운 백성에 이스라엘 백성이 제외되지는 않았습니다. 하지만 이제는 이스라엘 백성만이 아니라 이스라엘과 함께 다른 백성들도 하느님의 백성으로 한 자리를 차지하게 되었습니다.

교회는 보통의 백성이 아닙니다. 교회는 단순한 백성을 넘어 '하느님과 인간 간의 친교의 공동체'입니다. 교회는 예수 그리스도를 믿는 모든 이가 하나의 백성을 이루는 공동체이며, 예수 그리스도를 통하여 하느님께 대한 신앙과 사랑으로, 그리고 이웃 인간에 대한 믿음과 사랑으로 뭉쳐진 공동체입니다. 이 교회는 사람들이 하느님을 찬양하기 위해 한 자리에 모였기 때문에 이루어진 공동체이며, 그러기에 하느님에 대한, 하느님 안에서의 사랑으로 묶여 있는 친교의 공동체입니다.

교회의 목적과 중심

교회의 목적은 여느 모임과 다릅니다. 교회는 자신의 관심사나 유익과 이익이 아니라 '하느님께 대한 경배와 사랑의 생활', 그리고 '하느님의 나라를 미리 살고 그 나라를 전함'이 그 목적이 되어야 합니다. 신자들은 서로 사랑하는 관계여야 하고, 그 상호적인 사랑이 교회의 중심이 되어야 합니다. 교회는 자신 안에 닫혀 있는 폐쇄적인 집단이 아니라 모든 이에게 열려 있고 사랑의 실천으로 모든 이를 향하여 나아가는 공동체여야 하는 것이지요. 이러한 관점에서 치프리아노Cyprian 200/210?-258 교부는 이렇게 말씀하셨습니다. "그리스도께서는 그리스도인들이 사랑과 자비의 끈을 통하여 한 마음 한 몸을 이루어야 함을 명하고 계신다. …… 사랑이 없으면 하느님께서 함께 계시지 않기 때문이다." (Cipriano, Liber De Unitate Ecclesiae, XIV: PL 4, 526b. 527A)

하느님께서는 당신과 세상과의 이상적인 원래의 관계, 곧 사랑의 공동체를 복구시키기 위해서 당신의 사랑하는 아들을 구세주로 보내 주셨습니다. 이러한 목적 성취를 위해 있는 것이 교회이고, 사랑이 그 본질입니다. 그러므로 "내가 너희를 사랑한 것처럼 너희도 서로 사랑하여라."(요한 13,34)는 예수님의 말씀이 바로 우리 교회 공동체에 내려진 제1 생활 수칙이라고 할 수 있습니다. 요한 사도는 계속해서 예수님의 계명과 명령을 전하고 있습니다. "이것이 나의 계명이다. 내가 너희를 사랑한 것처럼 너희도 서로 사랑하여라."(요한 15,12). "내가 너희에게 명령하는 것은 이것이다. 서로 사랑하여라."(요한 15,17)

사랑과 친교로 일치하는 공동체

교회 공동체의 구성원인 우리는 서로 사랑하되 예수님처럼 사랑해야 합니다. 서로 섬겨야 하고 원수까지도 사랑해야 합니다. 예수님께서는 "너희가 서로 사랑하면, 모든 사람이 그것을 보고 너희가 내 제자라는 것을 알게 될 것이다."(요한 13,35) 하셨습니다. 하느님 나라의 전파와 복음 선교도 우리가 서로 사랑할 때, 교회 공동체의 구성원들인 우리 자신이 먼저 사랑을 실천할 때 가능합니다.

차동엽 신부님은 저서 『사도신경』에서 "우리는 모두 기나긴 외로움을 알았고, 유일한 해결책이 사랑이며, 그 사랑이 공동체에서 나온다는 사실을 터득했다."는 미국에서 백 년 동안 가장 영향력 있는 신자로 꼽히는 도로시 데이Dorothy Day 1897-1980의 말을 인용하며 다음과 같이 말했습니다.

> 외로움을 느껴보지 않았다고 말하는 사람은 거짓말쟁이다. 결혼했어도, 누군가와 함께 있어도 외로웠던 적이 있을 것이다. 그렇다면 외로움을 극복할 유일한 해결책은 무엇인가? 바로 '사랑'이다.
>
> 그렇다면 이 '사랑'은 어디에서 나오는가? 도로시 데이는 이 사랑이 공동체에서 나온다는 사실을 터득했다. 그녀는 교회의 본질을 꿰뚫어 알았던 셈이다.(207-208쪽)

사랑과 더불어 이 공동체에서 중요한 것은 '일치'一致 unitas입니다. 이러한 일치는 오직 하나의uni- 꼴과 형태forma를 갖추는 통일uniformitas과는 다른 것입니다. 그것은 획일화하는 것이 아니라 서로의 다양성을 인정하는 가운데 하나가 되려는 노력을 말합니다. 이렇게 교회는 그 구성원들이 서로 내적으로 연결된 공동체, 내적으로 친교를 함께 나누는 내밀한 관계를 가진 공동체, 서로 '친교' 親交 communio를 나누는 가운데 일치하는 공동체입니다. 그래서 이 교회 공동체는 나만의 공동체가 아니라 우리 모두의 공동체인 것이지요.

공동체 안에서의 인내와 이해, 희생과 배려

공동체의 일치를 위해서 중요한 것이 있습니다. 그것은 내가 먼저 인내하고 이해하고 희생하고 배려하는 자세입니다. 고진하 씨의 『부드러움의 힘』이라는 책에 이러한 이야기가 있습니다.

옛날 어떤 나라에 황금빛의 열매를 내는 진기한 나무가 있었습니다. 그 나무의 길게 뻗어나간 두 가지 중 한 가지는 죽음을, 다른 한 가지는 생명을 담고 있다고 알려져 있었습니다. 하지만 안타깝게도 그 나라의 어떤 사람도 그 황금빛 또는 생명의 열매를 먹을 수 없었습니다. 어느 가지의 열매가 죽음을 가져오는지 아무도 알지 못했기 때문이지요. 그러다가 그 나라에 기근이 닥쳐 먹을 것이 씨가 마르게 되었습니다. 그렇지만 그 나무만은 먹음직한 열매를 주렁주렁 매달고 있었습니다. 어쩔 수 없이 굶주린 사람들은 그 진기한 나무 밑으로 몰려들었습니다. 하지만 아무도 감히 먼저 나서는 사람이 없었지요. 바로 그때 굶어 죽기 직전의 아들을 지켜보던 한 사나이가 용기를 내어 나무로 다가갔습니다. 그는 오른쪽 나뭇가지의 열매를 따먹어 보았습니다. 그래도 죽지 않았습니다. 이에 사람들은 그 가지에 달려들어 열매를 따 먹기 시작했습니다. 그런데 놀랍게도 열매를 따먹고 난 다음 그 자리에 또 황금빛 열매가 열리는 것이었습니다! 이후 사람들은 그 신기한 나무의 왼쪽 가지는 위험하기만 할 뿐 전혀 쓸모 없다고 생각했습니다. 그 이유로 그 가지를 아예 잘라 버리기로 결정했지요. 그렇게 가지를 자른 다음 날이었습니다. 오른쪽 가지에 달린 열매들이 온통 땅에 떨어져 썩어가고 있었습니다! 자신의 몸 절반이 잘려 나간 나무는 검게 변해버렸고, 나무 위에서 지저귀던 새들마저 어디론가 날아가 버렸습니다. 그 나무는 더 이상 살아도 살아 있는 나무가 아니게 되었지요.

성당에는 수많은 사람들이 있습니다. 어떤 사람들은 내가 보기에 형편없이 고약해서 그런 사람들은 좀 없으면 좋겠다고 생각할 수도 있겠습니다. 하지만 이는 잘못된 생각입니다. 공동체의 구성원인 나부터 벌써 죄성을 지닌 연약한 사람 아닙니까? 그렇다면 나와 같은 사람들로 모인 교회도 죄성을 지닌 연약한 공동체이고, 나는 그들과 함께 공동체를 이루어 나가야 하는 것이지요. 그들을 인내하고 이해하며, 그들을 위해 희생하고 배려하는 나 자신이 되도록 힘쓸 일입니다.

교회 공동체를 구성하고 계시는 님들께!

우리 교회에 별의별 사람들이 다 있지만, 그래서 한 공동체를 이루는 것이 쉽지 않은 일이지만, 그래도 그 가운데 하느님께서 함께하시는 거룩하고 힘 있는 공동체임을 잊지 말아야 하겠습니다. 마음에 안 드는 일이 있더라도 참고 이해하고, 차라리 조금 손해 보고 배려하기를 힘쓰는 우리가 됩시다!

/3

'교회와 함께하는 삶' 과 '주님 부르심에 대한 응답'

교회 공동체 안에서의 신앙의 성장

하느님을 믿는 우리는, 우리가 신앙하고 따르는 하느님에 대하여 질문하는 자세를 가져야 하고, 나아가 그 신앙을 살고 또 키워나가야 합니다. 하느님께 대한 우리의 신앙은 저절로 키워지고 자라날 수 없는 성격의 것이기 때문입니다.

먼저 우리의 신앙은 하느님의 은총과 함께 우리의 노력이 있어야 성장합니다. 즉 하느님의 은총에 응답하는 우리의 삶이 있어야 합니다. 그리고 이러한 신앙의 성숙을 위한 노력은 우선 교회 공동체 안에서 이루어져야 합니다. 베네딕토 16세 교황님은 일찍이 "신앙 고백에 있어서의 나는 교회이다. 개인은 자신의 힘으로 믿지 않고 교회와 함께 믿는다." 하셨습니다. 이처럼 우리의 신앙은 교회를 통하여, 교회 안에서, 교회와 함께 합니다. 이러한 의미에서 빌헬름 켐프Wihelm Kempff는 신앙은 공동의 길이기에 공동체 안에서 다른 이를 존중하고 그들로부터 배우는 자세를 가져야 한다는 취지로 이렇게 말하였습니다.

> 신앙은 길이다. 더욱이 공동의 길이다. 신앙의 길을 걷고자 하는 자는 다른 이를 필요로 하고 믿는 이의 공동체를 필요로 한다. 그러나 이가 의미하는 바는, 우리가 그때그때 다른 이를 존중해야 한다는 것이다. 우리는 다른 이들로부터 오는 하느님의 부르심을 들어서 알기를 배워야 한다. 더구나 그 다른 이들이 우리와 같은 가톨릭 신자들이고 우리 공동체에 속한다면 말할 것도 없다.

이렇게 우리의 신앙은 교회 공동체 안에서 성장하는 것인데, 그 교회 공동체의 삶의 제1 수칙은 무엇일까요? 바로 주님께서 강조하신 사랑의 계명을 실천하는 것입니다.

하느님의 사랑에 대한 우리의 응답

하느님은 삼위일체, 곧 성부와 성자와 성령으로 계시는 분이시고, 사랑으로 결합된 친교의 하느님이십니다. 그 친교의 하느님은 당신의 크신 사랑을 나누어 주시기 위해 우리 인간을 창조하셨습니다. 하느님이 우리 인간과 사랑을 나누고자 하신 것입니다.

이러한 우리에게 필요한 것은 사랑의 응답입니다. '하느님을 사랑하자' 는 말은 너무 엄청난 말이지요. 따지고 보면 터무니없는 말이기도 합니다! 사실 하느님께서 우리의 사랑을 꼭 혹은 절대적으로 필요로 하지 않을 것이기 때문입니다. 그러나 하느님은 우리의 사랑을 원하고 계십니다. 왜냐하면 사랑이 충만하신 그분이 우리를 먼저 사랑하셨기 때문입니다. 그분께서 이미 사랑으로 우리를 창조하셨고, 사랑을 나눌 우리에게 생명을 주셨기 때문입니다. 그렇다면 우리는 "하느님을 사랑하자"라고 말하기보다 정확하게는 "하느님의 사랑에 응답하자"라고 해야 합니다.

교회를 통한 하느님의 사랑에의 응답

그러면 어떻게 하느님의 사랑에 응답할 것입니까? 교회와 더불어 해야 합니다! 왜냐하면 하느님께서는 우리 인간에 대한 당신의 한없는 사랑을 당신의 교회를 통해서 구체화하시니까요. 교회를 통해서 우리는 하느님의 사랑을 배우고, 느끼고, 체험하며, 교회를 통해서 하느님께 우리의 사랑을 드리니까요.

교회는 이스라엘 백성이라는 구약의 교회를 통해서 준비

되어, 예수 그리스도를 통해서 건설된 새로운 하느님의 백성입니다. 이 교회 안에서 하느님과 인간과의 사랑의 관계가 지속됩니다. 왜냐하면 예수 그리스도는 당신의 교회 안에서 언제나 함께 계시고, 당신의 영이신 성령을 통하여 사랑의 관계가 교회 안에서 지속되게 하시기 때문입니다.

그러므로 그리스도인은 교회 안에서, 교회와 함께, 하느님의 사랑을 나누어야 합니다. 하느님과의 친교는 물론이고 인간과의 친교도 교회 안에서, 교회와 함께 나누어 가야 합니다. 이러한 친교의 예를 들자면, 성사들, 특히 성체 성사 같은 미사와 전례, 그 밖에도 가난한 이들에 대한 원조와 봉사, 그리고 어려운 이들에 대한 애덕의 실천 등입니다.

교회와 가정과 사회 안에서의 친교, 사랑의 삶

이 모든 일은 하느님과 인간에 대한 친교에서 가능한 일입니다. 우리는 이러한 친교의 행위, 친교의 삶을 홀로 하는 것이 아니라 교회와 더불어 하고, 다른 그리스도인과 함께하는 것이지요. 이러한 의미에서 '함께 모인다'는 것이 중요합니다! 왜냐고요? 함께 모임으로써 교회가 시작되고 그 교회의 존속이 가능하기 때문입니다. 또한 함께 모임으로써 친교가 가능하고, 함께 모임으로써 더 큰 친교로의 준비와 실천이 가능하기 때문입니다.

'함께 있다는 것'은 무엇을 말합니까? 함께 있다는 것은 서로를 위해서 존재하는 것입니다. '함께 산다' '더불어 산다'는 것은 친교의 삶을 산다는 것을 말합니다. 함께 모이는 곳에서, 곧 교회에서 우리는 사랑을 받고, 주고, 서로 친교를 나눕니다.

교회라고 할 때, 성당의 건축물만이 아니라 가정이라는 교회도 생각하면 좋겠습니다. 가정은 '가장 작은 교회' '가장 작은 친교의 공동체'라 할 수 있습니다. 이러한 교회와 가정이라는 공동체의 친교에는 올바른 대화가 그 기반이 되어야 합니다. 이를 위해 구성원 간에 상하 관계가 아닌 동등한 인격 관계가 필요합니다. 가정으로 말하자면 남편과 아내, 부모와 자녀, 그 밖에 고부간에 서로를 인격적인 대화의 파트너로 여기는 자세가 필요합니다. 나아가 우리는 그리스도인으로서 가정의 울타리를 넘어 사회 안에서도 친교의 삶을 살아야 합니다. 자기의 유익만을 돌보지 않고, 가족 이기주의를 극복하여 남의 유익도 생각하고 배려하는 자세가 중요합니다.

우리가 친교의 삶을 영위한다는 것은 한마디로 사랑의 삶을 산다는 것이고, 사랑의 삶을 산다는 것은 기본적인 그리스도인의 삶을 사는 것을 말합니다. 그리스도인의 본질이 무엇입니까? 그것은 사랑의 삶을 사는 것입니다. 사랑의 삶은 그리스도인의 모든 것입니다!

주님의 부르심과 우리의 응답

'줄탁동시茁啄同時의 진리'라는 말이 있습니다. 어미닭은 모성적 본능으로 알을 소중하게 품고 있다가 시간이 되면 병아리가 나올 수 있도록 부리로 껍질을 쪼아대는데, 그때 병아리도 알에서 나오기 위하여 껍질을 쪼아댑니다. 껍질이 깨어지려면 어미닭과 병아리가 동시에 같은 지점을 쪼아야만 한다고 합니다. 여기서 알에서 깨어나기 위해 병아리가 안에서 껍질을 쪼는 행위를 줄茁이라 하고, 어미 닭이 밖에서 쪼는 행위를 탁啄이라 하는데, 이렇듯 서로 돕는 상호 관계를 줄탁동시의 진리라고 한다는 것입니다.

우리에 대한 주님의 부르심도 같은 원리로 생각해 볼 수 있겠습니다. 즉 주님께서 먼저 우리를 찾아 우리를 당신의 제자직으로 초대하시는데, 주님의 초대만으로는 우리의 제자직분이 형성될 수 없습니다. 그에 상응하는 우리의 응답이 있어야 합니다. 이러한 관점에서 송봉모 신부님의 시 한 편을 소개합니다.

나는 주님을 찾았습니다. 하지만 후에 나는 알았지요.
주님께서 내 영혼을 감동시키시어
나를 찾으시는 주님을 찾게 하셨다는 것을
참되신 구세주여, 찾은 것은 내가 아니었습니다.
오히려 내가 주님께 찾아간 것이었지요.

나는 풍랑이 이는 바다 위를 걸어갔으나 빠지지 않았습니다.
오, 주님, 그것은 내가 주님을 붙들었기보다는
주님께서 나를 붙드셨기 때문입니다.

나는 주님을 발견하고 사랑합니다.
그러나 주님, 나의 사랑은 주님께 대한 나의 대답에 불과합니다.
(〈누구를 찾고 있소?〉, 「야곱의 우물」 2003년 6월호)

주님께서 이미 나를 부르셨습니다. 그분의 은총은 이미 나에게 내려지고 있습니다. 그러면 나는 어떤 응답을 드리고 있는가요? 혹 달걀 안에서 껍질을 쪼는 것이 너무나 힘이 듭니까? 죽기 살기로 노력하는 병아리를 생각하며 용기를 내면 좋겠습니다. 주님께서는 결코 우리를 그냥 버려두지 않으실 것입니다! 우리보다 우리를 더 사랑하시는 주님께서는 우리보다 더 애를 쓰고 계실 것입니다! 하느님의 은총은 언제나 우리 자신의 업적보다 더 클 것이고, 우리의 응답은 언제나 부족할 것입니다. 우리의 응답이 크면 클수록 그 결실도 크다는 것을 생각하면 좋겠습니다.

/4

교회는 어떤 사람들의 모임인가?

'교회' 敎會 Ecclesia라는 말은 앞에서도 언급했듯이 원래 그리스 말의 엑칼레인ek-kalein, 곧 '불러모으다'에서 나왔습니다. 즉 '교회'라는 말은 '하느님께서 불러 모으신 사람들의 모임 혹은 집회'라는 뜻을 가지고 있습니다. 그렇다면 하느님께서 뜻이 있으시어 불러 모으신 모임인 교회는 어떤 사람들의 모임일까요?

하느님의 사랑을 믿고, 그 하느님의 사랑에 시간을 내어 드리는 사람들의 모임

교회는 하느님의 사랑을 믿고, 그 하느님의 사랑에 시간을 내어 드리는 사람들의 모임입니다. '하느님께 시간을 내어 드리는 사람들의 모임'이라 했습니다. 우리에게 사랑하는 어떤 분이 있다면 그분과 함께 있고 싶고, 그 존경하는 분께 시간을 내어 드림은 당연한 일 아니겠습니까? 그처럼 우리는 하느님께 시간을 내어 드리면서 하느님께로부터 사랑받고, 또 하느님을, 그리고 동료 인간을 더 사랑할 수 있는 힘을 받게 됩니다. 나를 대신해서 돌아가신 분이 예수 그리스도이시니, 당연히 그분께 나의 시간을 내어 드리는 것이지요.

'나 자신보다 나를 더 사랑하시는 하느님'을 아는 사람들의 모임

교회는 나 자신보다 나를 더 사랑하시는 하느님을 아는 사람들의 모임입니다. 우리가 기대할 것은 오직 하느님뿐이니, 돈도 명예도 권력도, 혹은 학식도 예술도 아닙니다. 우리가 바랄 것은 건강이나 쾌락도 아니요, 배우자나 자식도 아닙니다. 우리의 유일한 희망, 그리고 확실한 희망은 나를 사랑하시기에 나를 위해 자신의 목숨까지 바치신 예수 그리스도, 나 자신보다 나를 더 사랑하시는 그분뿐이요, 우리가 하느님이라고 부르는 그분뿐인 것입니다.

하느님께서 원하시는 대로 살고자 하는 사람들의 모임

교회는 참으로 하느님께서 원하시는 대로 살고자 하는 사람들의 모임입니다. 자기 자신의 현세적 바람이나 욕망을 따라서 사는 삶이 아니라 참으로 하느님께서 원하시는 삶을 영위하고자 애쓰는 사람들의 모임이 교회입니다. 그러므로 자신이 그리스도인이라면서 사는 모습은 외교인과 별 차이가 없는 사람은 이 모임의 구성원이 될 자격이 없습니다. 교회의 구성원은 어디까지나 그리스도인으로서 자기 삶의 방식이 하느님의 뜻에 맞는지, 곧 복음의 정신에 일치하는지 계속해서 숙고하고 반성하고 노력하는 사람입니다.

우리 교회 공동체 안에서 주의해야 할 것은 무엇인가?

당신은 어떠합니까? 혹시 당신은 자신이 속한 집단은 옳고, 다른 집단은 잘못되었다는 편견에 빠져 있지는 않습니까? 하지만 우리가 속한 집단이란 많은 경우 옳고 그름과는 무관한, 하나의 상황적 설정에 불과하다는 것을 현대 심리학의 연구 결과가 알려 줍니다. 누구는 우리 편이고 누구는 남의 편이라는 식의 편가르기는 많은 경우 상대에 대한 무지와 오해에서 비롯된다는 것입니다. 우리 교회 안에서는 우리 편, 남의 편 하는 식의 편가르기나, 누군가를 배척하고 소외시키는 일이 없어야 합니다. 잘못된 선입견을 가지지 않고 이해하고 포용하는 자세가 그리스도인이 가져야 할 태도입니다. 이편에서 보면 이편이 옳고, 저편에서 보면 저편이 옳을 수 있음은 세상사의 한 단면이니, 교회 공동체도 충분히 그럴 수 있겠다는 생각을 하면 좋겠습니다. 이러한 이야기가 있습니다.

프란치스코회와 예수회, 두 수도회 사이에 감나무가 한 그루 있었습니다. 그 나무는 프란치스코 수도원 담벽 안에서 자라고 있었는데, 가을이면 탐스런 열매를 주렁주렁 맺었고, 예수회 수도원 안에까지 그 가지를 드리웠습니다. 그런데 산책을 하던 예수회 신부님이 감을 하나 둘 따먹는 것이었습니다. 이것을 본 프란치스코회 수사님들이 뿔이 났습니다. 그래서 "왜 자꾸 남의 것을 따먹습니까? 이 감은 우리 수도원 것인데요." 하니, 예수회 신부님들은 "무슨 말이요? 이 가지들이 우리 땅에 와 있으니 우리 담 안에 열린 열매는 우리 것 아니겠소? 하느님이 주신 선물이란 말이오."라는 것이었습니다. 급기야 그들은 다가오는 주일 오후에 대표를 한 사람씩 뽑아 이 문제를 담판 짓기로 했습니다.

그런데 프란치스코 수사님들에게 근심이 생겼습니다. 예수회 신부님들은 대부분 박사인데, 자신들은 공부를 제대로 한 사람도, 특별히 언변이 있는 사람도 없으니 큰일이다 싶었던 것입니다. 그래서 결정하기를, 그래도 세상물정을 좀 아는 주방 수사님을 보내면 되겠다 싶었습니다. 주방수사님이 자주 시장에 가서 세상 돌아가는 것도 많이 접했으니 다른 수사들보다는 나을 것이라는 생각이었던 것입니다.

드디어 주일 오후, 두 수도회를 대표하는 신부님과 수사님이 마주 앉았습니다. 먼저 예수회 신부님이 손가락 하나를 치켜들었습니다. 그러자 수사님이 손가락 두 개를 치켜들었습니다. 이번엔 신부님이 손가락 세 개를 치켜들었습니다. 그러자 수사님은 고개를 숙였고, 신부님은 "우리가 잘못했습니다. 다시는 그런 일 없을 것입니다." 하고는 돌아갔습니다.

풀 죽어 돌아온 신부님이 결과를 보고하자, 예수회 신부님들이 어떻게 된 일이냐고 물었습니다. 신부님이 말했습니다. "저는 프란치스코 수사님들이 무식하다 싶었는데, 그 영성이 대단하다는 것을 알았어요. 제가 '하느님은 한 분이십니다.'라는 뜻으로 손가락 하나만 들어 올렸을 뿐인데, 수사님은 손가락 두 개를 들어 올리더군요, '그분이 하늘과 땅을 만드셨지요.'라는 것이었지요. 그래서 제가 세 개의 손가락으로 '그분은 삼위일체이십니다.' 했더니, 수사님은 '그분밖에 없다'는 뜻으로 고개를 숙이는 거 아니겠어요? 그래서 '미안합니다. 다시는 그런 일 없을 것입니다.' 하고 돌아온 겁니다."

의기양양해서 돌아온 수사님에게 프란치스코 수사님들이 달려들다시피 다가섰습니다. "어떻게, 잘 된 모양이지요?"

수사님이 말했습니다. "우리가 앉자마자 신부님이 손가락 하나로 제 눈을 찌르려고 하길래 제가 두 손가락으로 맞섰지요. 이번엔 손가락 세 개로 저를 공격하더라구요. 그래서 일단 피하고 보자 싶어서 고개를 숙였지요. 그러니까 그쪽에서 잘못했다고 하면서, 다시는 그런 일 없을 거라고 하지 뭡니까! 하하하!"

같은 날 같은 행동을 두고 두 사람이 이해하는 것이 너무나 달랐다는 이야기입니다. 이혼 위기에 처한 부부들의 경우에도 그럴 수 있습니다. 서로에 대한 이해에 인색한 아내와 남편은 똑같은 일을 두고도 각자 전혀 다른 생각을 할 수 있는 것이지요.

우리 교회는 하느님에 대한 신앙 안에서 친교와 일치를 지향하는 사랑의 공동체입니다. 따라서 교회의 구성원들은 서로를 잘 이해하고자 최대한 노력해야 합니다. 공동체 안에서 내가 옳을 수 있는 만큼 남도 옳을 수 있다는 것을 생각해야 하겠습니다. 그렇다면 단체나 소모임에서도 이 님은 이 님대로, 저 님은 저 님대로 옳을 수 있는 것이겠죠.

/5

공동체와 신앙 생활

공동체 안에서의 신앙 생활

우리 그리스도교 신자들의 공동체 생활은 한마디로 '신앙을 함께 사는 생활' 입니다. 신앙 생활은 우리 그리스도교 공동체를 구성하는 핵심적인 요소인 것이지요. 우리 그리스도교 공동체 구성 원리가 되는 것이 신앙이기 때문에, 신앙 생활이 그 공동체 생활의 핵심이 된다는 것은 당연한 말이겠습니다. 교회 공동체는 여가를 선용한다거나 사교 생활을 위한 곳이 아닙니다.

신앙적 관점에서 볼 때 좋은 뜻으로 출발한 모임이 시간이 지나면서 본래의 의미와 목적을 잃고 마치 계 모임과 같은 사회적 의미로 변질되는 경우가 있습니다. 또 새로운 교우들에게는 폐쇄적인 모임이 되어 결국 공동체에 알게 모르게 해를 끼치다가 차라리 없는 편이 더 나은 모임으로 전락되기도 합니다. 어떤 모임은 신앙 생활을 제대로 하는 교우보다 쉬는 교우가 더 많은 상태에서 아예 성당 울타리 밖에서 모임을 가져 신앙과 무관하게 지속되는, 정체가 불명확한 기이한 모임이 되기도 합니다. 그러나 모든 그리스도교 모임은 원칙적으로 그리스도 공동체 안에서 이루어져야 하고, 어디까지나 신앙 생활을 위한 것이어야 하며, 신앙 생활에 기반을 두고 이루어져야 합니다.

공동체적 신앙 생활과 사랑

하느님의 계시에 대한 응답으로서의 신앙은 단순한 믿음과는 크게 다른 것입니다. 하느님께 대한 신앙은 하느님께 대한 믿음뿐만 아니라 우리를 사랑하시는 하느님께 대한 우리의 사랑까지도 포함하는 말이기 때문입니다. 이렇게 공동체를 위한 신앙 생활에서 '사랑의 실천'은 참으로 중요합니다.

예수 그리스도께서는 우리에게 사랑의 계명을 제일가는 계명으로 주셨고, 그 계명은 우리의 첫째가는 소명이기도 합니다. 우리의 소명에 있어서 '형제적 사랑'은 '하느님에 대한 사랑'과 뗄 수 없이 연결된 것이지요. 그런데 형제자매에 대한 사랑, 그것이 말처럼 쉽지 않습니다. 우선 내 눈에 보이는 형제자매들의 모습이 내 맘에 들지 않는 것입니다. 주님의 말씀에 따라 주님 안에서 그들을 사랑해야 할 것인데, 이 일을 어떻게 해야 할까요? 있는 그대로 그들을 사랑할 수는 없을까요? (지금은 그 출처를 잊어버린) 이야기를 하나 들려드립니다.

고등학생 아들을 둔 어떤 어머니가 있었습니다. 어머니는 자신의 하나뿐인 아들의 옷 스타일이 영 마음에 들지 않았습니다. 아들의 스타일은 너무 개성에 넘쳐 엄마의 눈에는 도무지 부끄럽기 짝이 없었고, 그래서 늘 말다툼과 꾸중으로 둘 사이는 긴장되어 있었습니다.

오랜 시간 아들에 대해 불만이었던 어머니는 어느날 새로운 깨달음을 얻게 되었습니다. 아들의 삶은 자신에게 잠깐 동안 맡겨진 선물이며, 자신이 영원히 붙들어 둘 수 없는 성격의 것이라는 생각에 이른 것이지요. 어머니는 생각하였습니다. "만일 내 아들이 내일 죽는다면 어떻게 되겠는가?" 이러한 생각을 하게 되면서 어머니는 이제 자신의 아들을 있는 그대로 사랑해야 함을 깨닫게 되었습니다. 어머니는 자신이 원하는 모습으로 아들을 바꾸겠다는 생각을 버리고, 있는 그대로의 아들을 사랑하게 되면서 그제야 참 행복을 느끼게 되었습니다.

처음에는 아들의 '넘치는 개성'이 불만이었으나, 나중에는 아들을 완벽하게 만들려 하기보다, 있는 그대로의 모습을 받아들이고 사랑하게 되었다는 한 어머니의 이야기입니다. 하느님께서 나를 있는 그대로 사랑해 주지 않으신다면 어떨까요? 하느님께서 우리에게 원하시는 사랑이 바로 그러한 사랑일 것입니다.

'있는 그대로 사랑하는 사랑'에는 하느님께 대한 신뢰와 의탁, 그리고 감사하는 마음이 바탕되어야 합니다. 다음 한국순교복자성직수도회 강석진 신부님이 들려주시는 이야기가 좋은 예시가 될 것 같습니다. 평소 신부님과 가까이 지내는 중학교 선생님 부부에게 초등학교 2학년 귀여운 딸이 있었습니다. 어찌 보면 딸을 방목(?)하는 것처럼 보이지만 부부는 딸이 하고 싶은 것이 있다면 도와 주는 정도였고, 딸의 의견을 잘 존중해 주면서 좋은 관계를 유지하는 듯 했답니다. 그래서 신부님은 부부에게 "두 분은 딸을 참 잘 키우는 것 같아요." 했더니 그 부부가 중요한 비밀(?)을 말해 주더라는 겁니다.

자신이 딸을 임신했다는 사실을 전혀 모른 채 자매는 학교에서 제주도로 수학여행을 갔습니다. 당시 배를 타고 갔었는데, 자매는 유난히 배멀미를 심하게 해서 약을 좀 과하게 먹었습니다. 그리고 한라산 등반을 하는데 너무나 힘들어서 또 이런 저런 약을 먹으면서 산행을 했습니다. 그 후 수학여행을 다녀온 뒤, 몸이 좀 이상해서 병원에 갔더니 (지금의 딸인) 아기를 임신했다고 했습니다. 순간 자매는 수학여행 동안 약 먹은 사실에 가슴을 치며 후회했지요.

출산 날이 되었고 딸이 태어났는데, 아이가 숨을 쉬지 않았습니다. 의료진들은 아기를 숨 쉬게 하려고 등을 두드리며 별별 수단과 방법을 다 썼습니다. 끝내 숨을 쉬지 않는 딸의 모습을 보던 부부는 "우리 딸이 이렇게 죽는구나. 세상에 태어나서 단지 몇 분밖에 함께하지 못했는데, 이렇게 하늘나라로 가는구나." 아빠는 쏟아지는 눈물을 주체하지 못한 채, "아기야, 제발 숨만 쉬어 주렴, 그냥 숨만 쉬어 주렴." 하며 바라만 보았습니다.

병원 측에서도 혹시 골든타임을 놓칠까, 큰 병원으로 아기를 옮길 준비를 하면서 앰뷸런스도 대기시켜 놓았습니다. 당시 부부는 만약 아이가 앰뷸런스를 타고 가면, 그 길로 영원히

> 돌아오지 않을 것으로 생각했습니다. 그래서 더 간절하게 "제발 숨만 쉬어 주렴." 하고 기도를 드렸습니다. 그리고 얼마의 시간이 흘렀을까요? 딸이 처음으로 숨을 쉬었습니다.
>
> 아무튼 그날의 간절한 기도대로, 그 부부는 "그래, 숨만 쉬어 주렴." 하는 마음으로 아이를 키웠습니다. 딸아이가 원하는 것은 무엇이나 해 주며 자유롭게 살게 했습니다. 공부하고 싶다면 공부하게 해 주고, 놀고 싶다면 마음껏 놀게 하고요! 그런데 놀랍게도 딸아이는 스스로 잘 자라주었습니다. 부부는 그것이 오히려 감사하답니다. 그저 숨만 잘 쉬어주면 고맙다는 생각으로 아이를 키웠을 뿐인데 말입니다.(「가톨릭신문」 2021년 7월 18일자 17면, '세상살이 신앙살이 593: 숨만 쉬어 주렴')

숨만 쉬어 주어도 고맙다는 마음으로 자녀를 양육하는 자세는 자녀를 주신 하느님께 감사하며 그 자녀를 하느님께 맡기는 것이고, 자신들의 욕심에 따르지 않고 하느님의 뜻 안에서 있는 그대로 사랑하면서 키우는 것입니다. 이는 또한 "부모는 자녀를 육적으로만 낳을 뿐 아니라 영적으로도 낳아야 한다."는 성 아우구스티노의 말씀대로, 신앙 생활에 있어서 부모가 자녀에게 영적인 모범을 보일 때 가능한 일이겠지요.

어떻게 하면 내가 만나는 형제자매들을 있는 그대로 사랑할 수 있을까요? 우선 이야기 속 어머니처럼 내 주위의 형제자매들은 내가 마음대로 어떻게 할 수 없는 고유한 인격체임을, 아울러 그들이 내일이라도 이 세상을 떠나 하느님과 영원한 만남을 이룰 사람이라는 생각을 해 보면 어떨까요? 우리는 가능한 한 형제자매들에게서 단점보다 장점을 더 보려고 애써야 하겠습니다. 단점이 더 많이 보이더라도, 장점을 바라보고 사랑할 수 있는 마음을 갖도록 힘써야 하겠습니다. 예수님께서 당신의 제자들과 사람들을 사랑하신 시각도 그러했을 것입니다!

하느님의 뜻에 충실한 생활

바른 신앙 생활은 먼저 '하느님의 뜻에 충실한 생활'이어야 합니다. 그런데 내가 신앙 생활을 잘해 보겠다고 하면서도, 하느님의 뜻을 이행할 굳은 뜻이 없다면 어떠할까요? 그런 내가 하느님을 사랑한다고 할 수 있겠습니까? 주 예수님께서는 "내 계명을 받아들이고 지키는 사람이 바로 나를 사랑하는 사람이다."(요한 14,21) 하고 말씀하셨습니다. 무슨 말씀입니까? 주님의 말씀에 귀 기울이고 주님의 뜻에 순명하는 사람이 바로 그분을 사랑하는 사람이라는 말이지요. 이는 또한 하느님을 사랑하고 믿는 신앙인은 하느님의 뜻에 충실한 사람이라는 말이기도 합니다. 이러한 하느님의 뜻과 계명에는 '교회 공동체의 가르침과 규율' 도 포함된 것임을 알아야 하겠습니다. 그러므로 하느님께 대한 신앙생활은 공동체 안에서 하느님의 뜻에 대한 충실로 이어지는 생활이라고 하겠습니다.

신앙 생활의 기초인 기도

교회 공동체 안에서 그리스도와 밀접하게 결합된 신앙 생활은 '기도' 祈禱를 통하여 윤택하고 견고하게 됩니다. 기도는 신앙 생활의 기초이고, 그 신앙 생활이 공동체 생활의 핵심이므로 기도에 있어서도 '공동체성' 이 중요합니다. 기도는 혼자만이 아니라 공동체와 함께, 공동체 안에서 더 힘 있는 기도가 됩니다. 주 예수님께서는 "너희 가운데 두 사람이 이 땅에서 마음을 모아 무엇이든 청하면, 하늘에 계신 내 아버지께서 다 이루어 주실 것이다. 두 사람이나 세 사람이라도 내 이름으로 모인 곳에는 나도 함께 있기 때문이다."(마태 18,19.20) 하셨지 않습니까? 이 말씀처럼 우리가 함께 기도하기 위한 곳이 성당이고, 그 성당 안에서 우리의 공동체적 신앙 생활이 이상적으로 이루어지는 것입니다.

우리는 자신을 위해서만 기도하지 말고 공동체의 모든 구성원들을 위해, 나를 넘어서서 더 많고 넓은 대상을 위해서도 기도해야 합니다. 곧 우리의 가정, 작업장의 동료, 친구와 이웃을 위하여 기도하고, 교황님과 주교님과 신부님들, 남녀 수도자와 교회 안에 있는 많은 이를 위해서도 기도하며, 하느님을 믿는 모든 이가 한 목자 아래 있게 되도록 교회 밖의 모든 이, 친척과 은인, 안면 있던 사망자와 연옥의 모든 영혼, 원수와 박해자를 위해서도 기도해야 합니다.

신앙 생활과 가정 공동체

신앙 생활에 있어서 '가정 공동체'家庭共同體의 중요성을 지적하지 않을 수 없습니다. 하느님께서는 처음부터 사람을 남자와 여자로 만드시고, 이들이 서로 결합하여 가정을 이루도록 창조하셨습니다. 즉 인간은 홀로가 아닌 공동체로서 살도록 창조되었는데, 그중 가장 기초적인 공동체가 부부와 자녀를 구성원으로 하는 가정입니다. 따라서 신적神的인 기원을 지닌다고 할 가정 자체가 우리 생명의 원천이고,

사고하기를 배우는 학교이며, 기도하기를 배우는 첫 교회라고 하겠습니다. 그러므로 가정 생활을 제쳐두고 교회 공동체만을 위해서 투신하는 것은 결코 잘하는 일이라 할 수 없겠지요.

행복한 가정의 바탕은 무엇보다 부부의 사랑에 있습니다. 부부의 사랑이 기본이 되어야 그 가정이 행복할 수 있습니다. 아내님, 남편님, 부디 서로의 부족한 부분을 채워가며 행복한 가정을 이루시기를 바랍니다!

하느님과의 친교에 봉사하는 교회

삼위일체이신 하느님은 사랑이 충만한 분이시며, 사랑으로 일치하시는 분, 곧 친교의 하느님이십니다. 그 하느님께서 우리를 당신과의 친교로 초대하고 계십니다. 그분은 우리를 친교로 부르시고, 또 우리가 그 친교 속에서 살아가기를 바라십니다.

친교의 하느님께 그 근원을 두고 있는 교회는 친교의 하느님께 봉사합니다. 교회는 하느님과 사람과의 친교를 위해 존재하는 공동체이며, 이 교회를 통하여 우리는 하느님과의 친교와 사람들과의 친교의 삶을 배우게 됩니다. 우리를 당신과의 친교로 불러 주시고, 친교의 공동체인 교회의 일원이 되게 해 주신 하느님께 영광과 감사를 드립니다!

'친교의 삶을 살아가라는 부르심' 을 받고 있는 우리들이기에, 우리 각자는 '교회 공동체 내에서부터 친교 나누기'를 힘써야겠습니다. 나 자신부터 구성원들 간의 친교를 위해 노력하지 않으면서 사랑의 교회 공동체가 되기를 바랄 수는 없습니다. 친교의 공동체를 위하여 이 공동체의 구성원이 된 것을 기쁘게 생각하고, 결코 짐스러워함 없이 함께하는 마음을 가지도록 해야 하겠습니다.

함께 살도록 창조된 나

우리 각자는 하느님께 부르심을 받았습니다. 나는 영원한 하느님의 섭리 속에서 그분께로부터 나의 생명을 선사 받았습니다. 존재하지 않았던 내가, 그야말로 아무 것도 아니었던 내가, 하느님의 사랑으로 말미암아 고귀한 생명을 누리는 존재가 되었습니다. 더구나 나는 하느님의 자녀로서 하느님을 '아빠' '아버지' 라고 부르는 은혜까지 받아 누리게 되었습니다. 이러한 나는 홀로 이 세상에 던져진 존재가 아니라 다른 사람들과 더불어 살도록 창조된 존재입니다.

이미 나의 삶 자체가 다른 사람의 활동과 도움과 사랑을 통해서 가능했고, 그것은 지금도 마찬가지입니다. 다른 이들과 함께 살라는 것, 서로 사랑하고 도우며 더불어 살라는 것, 이는 하느님의 뜻이고 우리 인간의 공통된 희망이기도 합니다.

함께하는 신앙 생활의 어려움

나의 존재 자체만 남들과 함께 살도록 질서 지워져 있는 것이 아니라 나의 신앙 생활도 그러합니다. 내가 가진 신앙은 그 누군가로부터 전해 받은 것입니다. 나의 신앙은 결국 교회라는 믿음의 공동체에서 유래한 것이고, 그것을 내가 공동체로부터 전해 받은 것입니다. 그러므로 내가 세례를 받았다는 것은 내가 하느님의 자녀로서 그리스도의 교회에 속하게 되었다는 것이요, 내가 세속의 이름 이외에 세례명으로도 불리는 것은 내가 교회 공동체의 엄연한 일원이 되었다는 표시입니다.

다른 이와 함께 신앙 생활을 하는 것은 쉽지 않습니다. 모든 신자가 다 같은 신앙일 수가 없고, 모든 신자가 다 사랑에 젖어 있을 수 없습니다. 모든 신자가 똑같은 의견일 수도 없고, 모든 신자가 남을 헤아리고 배려할 수도 없습니다. 함께하지 않으면 모르고 지나갈 수많은 것들이, 함께 하면 그냥 지나칠 수 없는 걸림돌과 문제점들이 되어 우리 앞에 나타납니다. 예수 그리스도께서는 이러한 우리들을 위해서 기도하고 계십니다. "이들도 우리처럼 하나가 되게 해 주십시오."(요한 17,11). "그들이 모두 하나가 되게 해 주십시오."(요한 17,21)

교회 공동체는 아무런 문제도 어려움도 없는 성인들의 공동체가 아닙니다. 교회 공동체는 뚜렷한 문제 의식을 지닌 보통 사람들의 공동체이며, 수많은 결점과 죄성을 지닌 부족하고 연약한 사람들의 공동체입니다. 그러나 그 공동체에는 그리스도께 대한 믿음이 있고, 형제자매들에 대한 용서와 화해와 사랑이 있으며, 은총을 주는 성사가 있습니다.

공동체의 건설을 위한 나의 역할과 자세

이 공동체에 내가 속해 있습니다. 이 공동체에서 나는 나의 신앙을 받고 그 신앙을 성숙시켜 나갑니다. 이 공동체에서 나는 사랑을 배웁니다. 나는 공동체와는 별 상관없이 이 공동체에 속해 있는 사람이 아닙니다. 그리고 그 누구도 나를 이 공동체에서 제외할 수 없습니다. 나는 이 '공동체에 의해 선택' 되었고, 그러면서 이 '공동체에 파견' 된 존재입니다.

하느님께서 나를 부르셨고 나를 보내셨습니다. 하느님께서는 이 교회 공동체에서 내가 다른 이와 더불어 당신을 섬기고 살 것을, 그리고 내가 이 공동체 안에서 이 공동체를 통하여 당신을 전파할 것을 원하셨습니다. "나를 따르라! 서로 사랑하라! 나를 전하라!"는 예수님의 말씀은 이 교회 공동체에서부터 지켜져야 할 말씀입니다. 그리고 그것은 우선 나에게서부터 이루어져야 할 말씀입니다. 예수님께서는 말씀하셨지요, "가서 너도 그렇게 하여라."(루카 10,37)

나에 대한 하느님의 부르심과 파견은 교회 공동체의 건설로 이어지며, 그것은 궁극적으로 하느님 나라의 건설을 목표로 합니다. 그러므로 교회 공동체 안에서의 나의 역할과 사명에 대해 분명한 인식을 가지고, 공동체 내에서 다른 이들이 가진 고유한 자리를 알고 존중할 필요가 있습니다. 나의 주장과 소리만을 높이려고 하기보다, 다른 이들이 가진 장점과 그들이 말하는 바에 숨어있는 옳은 점을 발견하려고 노력해야 합니다. 획일성과 통일성만을 고집할 것이 아니라 다양성을 인정하고 조화시켜 나가면서, 그 다양성 안에서 일치를 이뤄야 합니다.

"공동체는 골치 아파. 나는 주님하고만 있고 싶다." 혹 이렇게 생각하는 사람이 있습니까? 하지만 주님과 함께하고 싶다면, 공동체와 함께해야 합니다. "두 사람이나 세 사람이라도 내 이름으로 모인 곳에는 나도 함께 있기 때문이다."(마태 18,20) 하신 주 예수님의 말씀을 기억해야 합니다. 우리가 가져야 할 자세는, 설령 공동체가 나의 바람과 다른 길로 나가고 있다고 느껴질지라도, 그를 외면하거나 멀리해 버리는 소극적인 자세가 아니라 그 공동체를 위해 기도하고, 그 공동체의 발전을 위해 노력하며, 희생하는 마음으로 함께하는 적극적인 자세입니다.

나는 어떻습니까? 나에게 교회가 하느님께서 바라시는 소중한 공동체라는, 그리고 내가 이 공동체에 속해 있다는 의식이 있습니까? 하느님께서 나를 이 공동체에 파견하셨음을 생각하고 감사하고 있습니까? 나는 이 공동체 속에서 기뻐하고, 때로는 슬퍼하거나 분노할 수 있습니다. 그런가하면 역으로 공동체도 나에게서 기쁨과 분노와 슬픔을 느낄 수 있습니다. 나와 공동체는 결코 무관하지 않은 것입니다. 나는 어쩔 수 없는 이 공동체의 일원이기에, 나의 말 한마디, 나의 행동하나 하나가 결코 공허한 메아리일 수 없습니다. 공동체 안에서 남과 더불어 있는 나이기에, 나의 모든 것이 공동체에 영향을 끼칠 수 있습니다. 나의 작은 희생과 협력, 사랑의 마음이 공동체를 조금씩 변화시킬 수도 있습니다.

함께 가지 않는 길은 멀고 힘들고, 함께하지 않는 공동체는 지겹고 짜증스럽고 역겹기만 할 뿐입니다. 그 길에, 그 공동체에 내가 있는 것입니다. 어떤 자세로 공동체를 살겠습니까?

/6

성령의 은혜와 신앙 생활

성령, 하느님께서 주시는 최고의 선물

예수님께서는 말씀하셨습니다.

내가 너희에게 말한다. 청하여라, 너희에게 주실 것이다. 찾아라, 너희가 얻을 것이다. 문을 두드려라, 너희에게 열릴 것이다. 누구든지 청하는 이는 받고, 찾는 이는 얻고, 문을 두드리는 이에게는 열릴 것이다. 너희 가운데 어느 아버지가 아들이 생선을 청하는데, 생선 대신에 뱀을 주겠느냐? 달걀을 청하는데 전갈을 주겠느냐? 너희가 악해도 자녀들에게는 좋은 것을 줄 줄 알거든, 하늘에 계신 아버지께서야 당신께 청하는 이들에게 성령을 얼마나 더 잘 주시겠느냐?(루카 11,9-13)

하느님께서는 당신께 청하는 이들에게 성령을 주시는데, 이 성령은 당신이 주실 수 있는 것 중에서 가장 좋은 것이 아닐까요? 하느님이 주실 수 있는 가장 좋은 것이라면, 그것은 바로 하느님 자신일 것인데, 성령이 바로 우리에게 오신 하느님이시니까요. 삼위일체이신 하느님을 믿는 우리의 신앙대로 성령은 그야말로 하느님께서 주시는 최고의 선물로 사랑의 하느님 자신이신 겁니다. 그렇다면 하느님을 믿고 따르는 나는 당연히 하느님께서 주시는 최고의 선물이신 성령을 청하고 받기에 힘써야 합니다.

성령, 주 예수님의 빈 자리를 채우시는 보호자

> 그러나 너희에게 진실을 말하는데, 내가 떠나는 것이 너희에게 이롭다. 내가 떠나지 않으면 보호자께서 너희에게 오지 않으신다. 그러나 내가 가면 그분을 너희에게 보내겠다.(요한 16,7)

주 예수님께서는 제자들에게 성령을 약속하실 때 당신이 제자들 곁을 떠나가시는 것이 그들에게 더 이롭다고 하시며, 당신이 떠나가셔서 보호자 성령을 그들에게 보내야만 성령께서 오시리라 말씀하셨습니다. 주 예수님께서 떠나가신 빈 자리를 성령께서 채우게 되시리라는 말씀이지요.

사랑하는 주 예수님을 잃고 그분이 떠나가신 빈 자리에 아파하던 제자들, 그들은 성령께서 오시자 주 예수님께 대한 믿음을 더 굳건히 간직하고, 죽음을 무릅쓰고 그분을 증거하게 되었습니다. 그렇게 오신 성령께서 하시는 일은 무엇일까요?

> 보호자께서 오시면 죄와 의로움과 심판에 관한 세상의 그릇된 생각을 밝히실 것이다. …… 그분 곧 진리의 영께서 오시면 너희를 모든 진리 안으로 이끌어 주실 것이다. 그분께서는 스스로 이야기하지 않으시고 들으시는 것만 이야기하시며, 또 앞으로 올 일들을 너희에게 알려 주실 것이다.(요한 16,8.13)

예수님의 이 말씀대로, 성령께서는 제자들을 진리의 길로 인도하시고, 하느님의 말씀을 그들에게 알려 주실 분이십니다.

성령, 하느님의 힘

사도행전의 머리말은 예수님께서 사도들과 함께 계실 때

그들에게 내리신 말씀을 전하고 있습니다. "예루살렘을 떠나지 말고, 나에게서 들은 대로 아버지께서 약속하신 분을 기다려라. 요한은 물로 세례를 주었지만 너희는 며칠 뒤에 성령으로 세례를 받을 것이다."(1,4-5). 이어지는 말씀은 이러합니다. "성령께서 너희에게 내리시면 너희는 힘을 받아, 예루살렘과 온 유다와 사마리아, 그리고 땅 끝에 이르기까지 나의 증인이 될 것이다."(1,8). 예수님께서는 성령이 오시면 제자들이 힘을 받아 당신의 증인이 될 것이라 하셨습니다. 성령께서 어떤 분이신지를 가장 잘 드러내는 단어가 바로 여기서 언급한 이 '힘'이 아닐까 합니다. 사실 '성령'에서의 '영'靈은 구약 성경에서부터 무엇보다 하느님의 힘으로 가장 잘 나타나고 있습니다.

성령께서는 교회를 위한 하느님의 힘이십니다. 교회는 그분을 통하여 건설되었고 그분 자신이 교회 안에 살고 계십니다. 교회는 이렇게 자신이 그 힘 없이는 살아갈 수 없음을 알고 있기 때문에 이렇게 기도합니다. "하느님, 당신의 성령에 대하여 감사를 드립니다. 오늘 저희로 하여금 그분의 힘으로 살게 하소서."(『성무일도서』). 그 성령께서 교회와 우리 그리스도인에게 선사되어 계십니다.

하느님의 힘이신 성령께서는 교회와 그리스도인의 삶에

힘이 되는 분이십니다. 보다 더 정확하게 말하자면, 성령께서는 우리를 위한, 그리고 우리 안에 계시는 신적인 삶의 힘을 주는 분이십니다. 그분께서는 하느님으로부터 우리에게 주어졌고 우리 생명을 위해서 항상 활동하고 계시는 우리를 위한 하느님의 도움이십니다.

성령, 생명을 주시는 분

교회는 전통적으로 성령을 항상 생명과, 생명의 중재와 관련하여 고찰하였습니다. 이는 니케아-콘스탄티노플 신경에 잘 나타나 있지요. "주님이시요 생명을 주시는 성령을 믿나이다."라고 우리는 고백하고 있습니다. 이렇게 성령께서는 그리스도인과 교회 안에서 그 생명력으로서 활동하십니다. 이 성령 없이 교회와 그리스도인의 생명은 불가능하다고 할 수밖에 없습니다. 왜냐하면 성령 자신이 교회와 그리스도인을 위한 생명의 힘이고 그 원리가 되시기 때문입니다. 이러한 맥락에서 다음의 말은 큰 공감을 불러일으킵니다.

성령이 아니 계시다면 하느님은 멀리 계시며, 그리스도는 과거에 머무르시고, 복음은 죽은 문자이며, 교회란 단지 조직이고, 권위란 한낱 지배하는 것이며, 선교란 선전 광고이고, 전례란 마법이며, 그리스도인의 행위는 노예들의 윤리이다.(Ignatius von Lattakia, Rapport d'Upsal, 297: L.-J. Suenens, Hoffen im Geist, 27.)

성령, 항상 새롭게 오시는 분

성령께서는 벌써 우리 안에 계십니다. 하지만 그분은 항상 새로이 우리에게 오십니다. 그분께서는 그리스도인 안에 머무르시고 그들을 통하여 활동하심으로써 그들을 하느님과 결합시켜 주십니다. 성령께서 내 안에 새로이 오시게 하려면 어떻게 해야 할까요? 성령께서 우리 안에서 힘으로서 활동하시게 하려면 어떻게 해야 할까요? 그리스도인과 교회가 자신 안에 성령께서 일하게 하면 할수록 그분의 힘은 더 크게 발휘될 것입니다. 즉 우리는 성령을 위하여 열려 있어야 하고 그분을 받아들여야 합니다. 그분의 힘이 발휘되도록 우리 자신의 힘을 빼야 합니다. 다른 말로 우리는 - 우리 자신의 아집을 버리고, 완고함과 욕심 없이 - 성령께 협력해야 합니다. 그래야 그분의 힘이 잘 발휘될 것입니다.

성령, 온 세상에 충만하신 분

성령께서는 교회와 그리스도인뿐 아니라 교회 밖의 사람들에게도 선사되어 계십니다. 그분은 교회를 위해서는 물론이고 세상의 모든 사람들을 위한 하느님의 생명력이십니다. "주님의 성령은 온 세상에 충만하시며"(지혜 1,7), 어디에서나 활동하고 계시기 때문입니다. 이러한 성령께서는 교회와 그리스도인을 위한 영만이 아니라 온 세상과 온 인류를 위한 영이시기도 하며, 세상과 인간 안에서 생명의 원리로 활동하는 분이십니다.

세상과 역사 안에서 성령의 역할

성령께서는 세상과 역사 안에서 어떻게 활동하실까요? 성령에 대한 볼프강 바이네르트W. Beinert의 다음 서술은 많은 점을 시사합니다.

> 성령께서는 우리에게 하느님의 진리를 열어 주신다. …… 성령께서는 사람들을 거룩하게 하시며, 그럼으로써 그리스도로부터 시작된 구원을 완성하는 분이시다. …… 성령께서는 그리스도교적인 삶의 활동원리가 되신다. 그리스도인이 기도

하거나 미사 드릴 때, 선을 행하고 위로를 할 때, 또한 정의를 세우고 평화를 유지할 때, 그 때에 하느님의 영이 일하신다. …… 성령께서는 또한 역사의 원동력이 되신다. 그분께서는 사람이 자신의 양심에 따라 진실하게 행동하고, 삶의 과제들이나 사회적인 문제들에 대한 좋은 해결점에 도달할 때에, 그 어디에서나 - 그러므로 제도적인 그리스도교의 울타리 저쪽에도 - 현존하고 계신다. …… 하느님의 영은 교회 내에서, 또 교회 밖에서 예언자와 같이 활동하는 사람들의 추진력이기도 하시니, 이렇게 하여 교회는 시대를 통하여 인류와 그리스도교에 올바른 길을 제시하게 되는 것이다. …… 요한 복음서에서의 예수님의 말씀에 의하면, 성령의 임무는 세상과 교회를 그 역사와 시대의 흐름 속에서 예수님이 전하신 복음의 모든 진리 안으로 이끌어 가는 것이다.(요한 16,13)
(W. Beinert, 『Das Christentum』 190-191쪽)

성령을 통하여 우리 안에서 활동하시는 하느님

성령께서는 당신이 원하시는 대로 오시고 활동하십니다. 그러므로 우리는 성령의 오심도, 활동도 마음대로 할 수가 없습니다. 중요한 것은 성령께서 우리 안에서 자유롭게 잘 활동하실 수 있도록 우리가 그분을 깨닫고, 그분에게 우리 자신을 개방하는 것입니다. 우리는 그분을 감지할 수 있어야 하고, 성령에 대한 망각과 소홀에 맞서서 그분을 드러내고 증언하는 삶을 살아야 합니다.

하느님께서는 성령을 통하여 우리 안에서 사시고 활동하십니다. 사도 요한은 "그리스도께서 우리 안에 머무르신다는 것을 우리는 바로 그분께서 우리에게 주신 성령으로 알고 있다."(1요한 3,24) 하셨습니다. 우리 구원을 위한 하느님의 선물이신 성령으로 충만하고, 신뢰하며 성령께 씨를 뿌려 영원한 생명을 거두게 되는 우리들이기를 소망합니다.(갈라 6,8 참조)

우리의 변화를 이끄시는 성령

우리는 예수님 자신부터 성령을 입어 하느님 나라의 선포자로 변화하셨음을 회당에서 당신이 읽으신 두루마리이사야서의 말씀에서 알 수 있습니다.

> "주님께서 나에게 기름을 부어 주시니 주님의 영이 내 위에 내리셨다. 주님께서 나를 보내시어 가난한 이들에게 기쁜 소식을 전하고 잡혀간 이들에게 해방을 선포하며 눈먼 이들을

다시 보게 하고 억압받는 이들을 해방시켜 내보내며 주님의 은혜로운 해를 선포하게 하셨다." 예수님께서 두루마리를 말아 시중드는 이에게 돌려주시고 자리에 앉으시니, 회당에 있던 모든 사람의 눈이 예수님을 주시하였다. 예수님께서 그들에게 말씀하기 시작하셨다. "오늘 이 성경 말씀이 너희가 듣는 가운데에서 이루어졌다."(루카 4,18-21)

예수님의 제자들도 성령의 오심으로 변화되기 시작하였음을 사도행전은 전하고 있습니다. 예수님의 부재로 실의에 빠져 있던 제자들은 성령을 받자 죽음을 무릅쓰고 그분의 복음을 전하는 사도파견된 자로 나섰던 것입니다.

오순절이 되었을 때 그들은 모두 한자리에 모여 있었다. 그런데 갑자기 하늘에서 거센 바람이 부는 듯한 소리가 나더니, 그들이 앉아 있는 온 집 안을 가득 채웠다. 그리고 불꽃 모양의 혀들이 나타나 갈라지면서 각 사람 위에 내려앉았다. 그러자 그들은 모두 성령으로 가득 차, 성령께서 표현의 능력을 주시는 대로 다른 언어들로 말하기 시작하였다.(사도 2,1-4)

성령께서 오심으로 (성체 성사의 거행과 함께) 교회가, 더 구체적으로는 성령의 강림으로 제자들이 변화됨으로써 교회가 시작된 것입니다. 이렇듯 예수님을 모른다 한 베드로, 예수님을 버리고 도망친 제자들, 고기를 잡던 자신의 옛 직업으로 돌아간, 두려워서 문을 닫아걸고 몸을 숨기고 있던 제자들, 그들 모두가 성령의 힘으로 변화하였습니다.

성령께서는 나를 변화시켜 구원으로 이끄는 분이십니다. 나의 구원은 나의 변화에서 시작하는 것이고, 그 변화를 이끄시는 분이 바로 성령이십니다. 성령께서 이제 우리 각자에게 오셔서 우리를 변화시키고자 하십니다. 나약한 것을 굳세게 하시고, 소극적인 것을 적극적인 것으로 바꾸시며, 부족한 것을 충만하게 하시고, 미지근한 것을 뜨겁게 바꾸시며, 폐쇄적인 것을 개방적으로, 사랑이 부족한 것을 사랑이 충만하도록 변화시켜 주고자 하십니다.

성령, 그리스도를 증언하시는 분, 또 그렇게 이끄시는 분

예수님께서는 성령을 약속하시면서 그분께서 당신을 증언하게 되실 것이라 하셨습니다. "내가 아버지께 청하여 너희에게 보낼 협조자 곧 아버지께로부터 나오시는 진리의 성령이 오시면 그분이 나를 증언할 것이다."(요한 15,26). 다음 예수님의 말씀과 사도행전의 기록은 이제 성령을 받은 제자들이 그리스도를 증언하는 일을 하게 될 것임을 알려 주고 있습니다.

이제 아버지께서 내 이름으로 보내 주실 성령 곧 그 협조자는 모든 것을 너희에게 가르쳐 주실 뿐만 아니라 내가 너희에게 한 말을 모두 되새기게 하여 주실 것이다.(요한 14,26)

예수님께서는 사도들과 함께 계실 때에 그들에게 명령하셨습니다. "예루살렘을 떠나지 말고, 나에게서 들은 대로 아버지께서 약속하신 분을 기다려라. 성령께서 너희에게 내리시면 너희는 힘을 받아, 예루살렘과 온 유다와 사마리아, 그리고 땅 끝에 이르기까지 나의 증인이 될 것이다."(사도 1,4.8)

사도들에게 성령을 약속하시면서, 그들이 성령을 받으면 당신의 증인이 될 것이라 하신 예수님의 말씀은 우리를 위한 말씀이기도 합니다. 우리는 그리스도를 증거하도록,

곧 그리스도를 드러내도록 부르심을 받았다는 것입니다. 이러한 부르심은 우리가 성령을 모심으로써, 구체적으로는 견진 성사를 받음으로써 실현되었습니다. 이러한 의미에서 견진 성사는 우리에게 그리스도를 증거하도록 힘을 주는 성사입니다. '그리스도를 증거' 한다는 것은 '그리스도의 증인' 이 된다는 것이고, 그리스도의 증인이 된다는 것은 그리스도를 드러내고, 그분의 말씀이 옳다는 것을 증명한다는 것이기도 합니다. 곧 그리스도의 증인은 바로 자신의 행실로 그리스도를 증명하는 것이지요!

성령의 기운이 파고들어 하느님으로 충만하였던 사도들, 예수님을 위해서라면 모든 것을 다 내놓을 수 있게 된 사도들, 더 이상 문을 닫아걸어 숨지 않고 문을 활짝 열고 사람들 앞에 서서 담대히 예수님을 증거한 사도들을 생각합시다! 님들도 성령을 받아 사도들처럼 변화하여 예수님을 증거하는 사도직에 최선을 다하시기를 소망합니다!

/7

하느님께 대한 신앙의 길에서의 은총

구원을 위한 하느님의 도움

우리는 수많은 갈망을 안고 살아갑니다. 그 수많은 갈망을 한마디로 표현한다면 은총에 대한 갈망이라고 할 수 있을 것 같습니다. 은총은 '하느님께서 우리에게 베푸시는 호의' 이고 '선물처럼 거저 주시는 도움' 입니다. 하느님께서 우리에게 호의를 베푸시는 이유는 무엇일까요? 그것은 우리가 하느님의 부르심에 응답하도록, 응답하는 삶을 잘 살도록 도와주기 위해서입니다. 하느님의 부르심이란 한마디로 구원에로의 부르심입니다. 그리고 그 부르심의 내용은 우리가 하느님의 자녀, 곧 하느님의 양자가 되는 것이고, 하느님의 신성과 영원한 생명을 나누어 받는 사람이 되는 것입니다.

하느님께서는 우리를 구원의 길로 부르시되 그냥 지켜만 보고 계시지 않습니다. 그분은 우리가 구원되도록 우리를 계속해서 도와주십니다. 즉 하느님은 우리를 구원으로 초대하실 뿐만 아니라 우리를 직접 구원으로 이끌어 주시고,

우리와 함께하십니다. "은총은 하느님의 생명에 대한 참여"(『가톨릭교회교리서』 1997항)라는 교회의 가르침은, 구원이 하느님의 생명에 대한 참여이며, 하느님 안에서 영원한 생명을 누릴 수 있도록 도움을 주는 은총의 성격을 잘 나타내고 있습니다.

하느님과의 올바른 관계

또한 구원이란 인간이 하느님과 올바른 관계를 맺음을 의미합니다. 즉 죄인인 인간이 창조주 하느님과의 바른 관계를 가져 의로운 상태를 회복하는 것입니다. 신학은 이를 '의화'義化라는 단어로 표현하는데, 피조물인 우리 인간을 의화로 이끌도록 도움을 주는 것이 바로 창조주 하느님의 은총이라고 이해할 수 있겠습니다. "우리는 하느님의 은총으로 의화"(『가톨릭교회교리서』 1996항) 될 수 있음을 교회는 분명히 가르치고 있습니다. 죄인인 인간이 의로운 상태로 되는 것은 하느님의 은총을 통해서입니다. 결국 구원은 하느님의 은총에 의해서만 이루어진다고 고백하는 것이지요. 하느님의 은총에 의해 우리가 구원된다는 말은 하느님의 사랑에 의해서 구원된다는 말이기도 합니다. 이를 잘 드러내는 말이 "의화는 하느님 사랑의 가장 뛰어난 업적"

(『가톨릭교회교리서』 1994항)이라는 표현입니다.

은총을 입은 나

나는 얼마나 많은 은총을 입고 살아가고 있습니까? 필자의 경우에도 얼마나 많은 은총을 입고 살아왔는지 모릅니다. 어릴 때 몇 번이나 죽을 고비를 넘겼고, 그 후에도 삶의 위기를 겪을 때마다 하느님께서 지켜주시지 않으셨다면 과연 제대로 살아왔을까 싶습니다. 흔히들 "(어떠어떠한) 은총을 주십시오!" 식의 기도를 자주 혹은 많이 바칠 것입니다. 그런데 그렇게 은총을 주십사 하며 간절히 기도하기 이전에, 자신이 은총을 얼마나 많이 입은 존재인지 숙고하고 깨닫게 되면 좋겠다는 생각을 해 봅니다. 혹시 나는 너무 부족한 사람이고, 그래서 은총을 덜 입은 사람이라고 생각하신다면 바오로 사도를 보십시오.

육신의 병으로 큰 고통을 겪은 바오로 사도

바오로 사도는 육신의 병몸의 가시을 안고 고생하며 살았던 사람입니다. 그래서 그도 그 병과 그로인한 고통에서 해방시켜 주십사 하느님께 은총을 청하였습니다. "이 일과 관련하여, 나는 그것이 나에게서 떠나게 해 주십사고 주님께

세 번이나 청하였습니다."(2코린 12,8). 세 번이나 청했다는 것은 딱 세 번만 간청하고 그만뒀다는 말이 아니라 간절한 청원의 기도를 올렸다는 말입니다. 예수님께서도 세 번 기도하셨다고 했는데, 바오로 사도도 예수님처럼 간절하게 청하였던 것이지요. 예수님의 첫째 기도는 "아버지, 하실 수만 있으시면 이 잔이 저를 비켜 가게 해 주십시오. 그러나 제가 원하는 대로 하지 마시고 아버지께서 원하시는 대로 하십시오."(마태 26,39)라는 것이었고, 둘째 기도도 "아버지, 이 잔이 비켜 갈 수 없는 것이라서 제가 마셔야 한다면, 아버지의 뜻이 이루어지게 하십시오."(마태 26,42)라는 것이었습니다. 그리고 "예수님께서는 [여전히 자고 있는] 그들을 그대로 두시고 다시 가시어 세 번째 같은 말씀으로 기도하셨습니다."(마태 26,44). 그런데 예수님의 다음 행동은 어떠합니까? 예수님께서는 즉시 순종하셨던 것입니다. "일어나 가자. 보라, 나를 팔아넘길 자가 가까이 왔다."(마태 26,46)

은총을 청하는 바오로 사도의 자세: 하느님의 뜻에 대한 순종과 받아들임

예수님께서 아버지께 간절히 기도하셨듯이, 바오로 사도도 하느님께 간절히 기도하셨습니다. 그리고 예수님께서 하느님의 뜻에 순종하셨듯이 바오로 사도도 하느님의 뜻에 순종하셨습니다. 사도는 하느님께 떼를 쓰지 않으셨습니다. 하느님의 은총을 간청하던 바오로 사도의 이러한 순종은 자신이 이미 하느님의 은총을 충만히 받고 있다는 자각에서 나오지 않았을까요? 그는 겸손한 자세로 자신의 약점마저도 본인이 자만해지는 것을 막기 위한 하느님의 섭리로 받아들이고 이렇게 말하였습니다. "그러나 주님께서는, '너는 내 은총을 넉넉히 받았다. 나의 힘은 약한 데에서 완전히 드러난다.' 하고 말씀하셨습니다. 그렇기 때문에 나는 그리스도의 힘이 나에게 머무를 수 있도록 더없이 기쁘게 나의 약점을 자랑하렵니다. 나는 그리스도를 위해서라면 약함도 모욕도 재난도 박해도 역경도 달갑게 여깁니다. 내가 약할 때에 오히려 강하기 때문입니다."(2코린 12,9)

바오로 사도의 기도:
하느님께 대한 전적인 신뢰와 감사

바오로 사도는 처음 자신의 청원 기도가 받아들여지지 않자 실망하고 좌절하였을 것입니다. 하지만 그는 이러한 실망과 좌절을 하느님께 대한 신앙적인 통찰로써 이겨 냈습니다. 그는 자신의 병에 대한 하느님의 뜻을 헤아리게 되었고, 그 결과 주님의 능력은 자신의 나약함 가운데서 완성된다는 것을 깨닫게 되었습니다. 그리고 그는 이러한 깨달음으로 더 이상 자신을 아프게 하는 고통을 멀리하려 하지 않았습니다. 그는 주님께서 자신의 나약함을 알고 사명을 맡기셨고, 또한 그 사명을 수행할 힘까지 주신다는 것을 굳게 믿었습니다. 그는 자신이 약하기에, 그 약한 자신 안에서 주님께서 더 잘 활동하시게 된다는 것을 알고 하느님께 전적으로 의지하였습니다. 하느님께 모든 것을 다 맡기고 그 뒤의 일과 결과를 걱정하지 않았습니다. 그리하여 그는 하느님께 대한 전적인 신뢰에서 나오는 감사의 기도를 드렸고, 먼 훗날 지금의 우리에게도 호소하셨습니다. "아무것도 걱정하지 마십시오. 어떠한 경우에든 감사하는 마음으로 기도하고 간구하며 여러분의 소원을 하느님께 아뢰십시오. 그러면 사람의 이해를 뛰어넘는 하느님의 평화가 여러분의 마음과 생각을 그리스도 예수님 안에서 지켜 줄 것입니다." (필리 4,6-7). 바오로 사도는 하느님의 은총이 보잘것없는 우리 안에 함께하고 있음을 확신하였기에 이렇게 말씀하셨던 것입니다. "우리는 이 보물을 질그릇 속에 지니고 있습니다. 그 엄청난 힘은 하느님의 것으로, 우리에게서 나오는 힘이 아님을 보여 주시려는 것입니다."(2코린 4,7)

/8

하느님의 은총에 대한 우리의 응답

최상으로 주어진 세례의 은총

"그리스도인은 세례로 신비체의 머리이신 그리스도의 은총을 받습니다."(『가톨릭교회교리서』 1997항). 그야말로 은총 중의 은총은 세례의 은총 아닐까요? 내가 세례를 받고 하느님의 자녀가 된 것, 그리하여 내가 구원의 길로 초대를 받은 것보다 더 큰 은총이 있을까요?

우리가 세례로써 받는 은총을 특별히 '성화의 은총' 이라고 부릅니다. "성화의 은총은 사람이 하느님과 함께 살고, 하느님의 사랑으로 행동할 수 있도록 그 사랑을 완전하게 하는 '상존 은총' 常存恩寵 gratia habitualis이며, 지속적이고 초자연적인 성향입니다."(『가톨릭교회교리서』 2000항). 상존 은총이란 '하느님의 부르심에 따라 살고 행동하고자 하는 변함없는 마음가짐' 으로서 우리 안에 지속적으로 머물며 함께하는 은총을 말합니다.

여기에 대칭되는 은총으로는 '조력 은총' 助力恩寵 gratia actualis이 있는데, 이는 '회개의 시작이나 성화 활동의 과정에서의 하느님의 개입' 으로 상존 은총에 더하여 우리의 성화를 그때그때 도와주는 은총을 말합니다. 곧 우리의 세례 때 은총이 주어져 있고, 그 은총이 항상 우리 안에서 하느님에 부르심에 응답할 수 있도록 작용하는데(상존 은총 혹은 성화 은총), 그러한 응답의 과정에서 하느님께서 또 은총을 주셔서 우리가 더 잘 응답할 수 있도록 도와준다는 것(조력 은총 혹은 도움의 은총)입니다.

이러한 은총의 이름들은 세분화하기 좋아하는 중세의 스콜라 신학적 고찰 결과로 편의상 분류된 것인데, 크게는 모두 하느님의 사랑과 호의로 말미암은 것으로 세례를 통해 풍성히 주어진다고 하겠습니다.

은총을 입은 나의 응답은?

하느님의 은총은 그 은총을 받는 사람의 응답과 무관하게 주어지지 않습니다. 즉 공짜로 주어지는 하느님의 은총이지만 일방적으로 하느님께서 주시고 그럼으로써 다 되는 은총이 아니라는 말입니다. 은총은 어디까지나 그것을 입은 사람을 (어느 정도?) 변화시키는 것이고, 그것을 입은 사람의 반응, 곧 응답을 요구하는 성격의 것입니다. 곧 하느님의 은총을 입은 나는 내가 입은 그 하느님의 은총에 대하여 응답을 드려야 합니다. 그러기에 교회는 이렇게 가르칩니다. "하느님의 자유로운 주도主導는 인간의 자유로운 응답을 요구한다. 왜냐하면 하느님께서는 인간을 당신의 모습으로 창조하시고, 그에게 자유와 더불어, 당신을 알고 사랑할 능력을 주셨기 때문이다."(『가톨릭교회교리서』 2002항). 그렇다면 은총은 하느님으로부터 우리에게 주어지는 선물인 동시에 우리의 응답을 요구하는 과제라는 말이지요.

회개의 증거를 행실로 나타내는 삶

하느님께서 베푸시는 은총에 응답하는 삶은 회개의 삶을 사는 것, 곧 회개의 증거를 행실로 보이는 것이기도 합니다. 인간이 회개하는 것 자체가 하느님에 의한 것으로, 회개는 곧 우리를 성화하는 하느님의 은총입니다. 그러기에 교회는 "성령의 은총이 작용하여 내는 첫 결실은 회개이다. 복음서의 첫 대목에 나오는 '회개하여라. 하늘 나라가 가까이 왔다.'(마태 4,17)고 하신 예수님의 선포에 따라, 회개는 우리를 의롭게 해 준다."(『가톨릭교회교리서』 1689항)고 가르칩니다. 성 아우구스티노는 이렇게 말하기까지 했습니다. "죄인들의 의화는 [하느님께서] 천사들을 의롭게 창조한 일을 능가하며, 그것은 죄인의 의화가 [하느님의] 더 큰 자비를 드러내 주기 때문이다."(성 아우구스티노, 『요한 복음서 강해』: 『가톨릭교회교리서』 1994항)

노력하는 기도

"하늘은 스스로 돕는 자를 돕는다."라는 말도 있는데, 내가 할 노력은 생략하고 기도만 열심히 해서는 안 된다는 말씀을 드리고 싶습니다. 우리는 할 수 있는 한 최선을 다해서 열심히 노력하고, 그러한 노력에 하느님께서 도와주십사 기도해야 하는 것이지요.

영국의 양심이라 불리는 윌리엄 윌버포스William Wilberforce 1759-1833의 이야기입니다.

윌리엄 윌버포스는 23세의 젊은 나이로 영국 하원의원에 당선되었습니다. 그러나 그는 얼마 지나지 않아 주님의 현존을 깊이 체험하고 신학교에 들어가려는 생각을 했습니다. 그때 성공회 신부 존 뉴턴이 그 생각을 반대하며 설득했습니다. "나는 주님이 자네가 성직자가 아니라 정치가로서 억압받는 이들의 자유와 인권을 위해 일하도록 부르셨다고 생각하네." 이에 윌버포스는 숙고 끝에 성직자의 길을 포기했습니다.

정치인으로 계속 일했던 윌버포스는 1833년에 영국의회가 「노예제도 폐지법안」을 통과시키는 데 결정적인 기여를 했습니다. 당시 영국은 세계 곳곳에 식민지를 건설하고 원주민들을 붙잡아 노예로 팔아 막대한 수입을 올렸지요. 노예 매매가 국가 경제에 큰 비중을 차지할 정도였습니다. 그런 까닭에 노예제도를 통해 직간접으로 많은 금전적 혜택을 누리던 소위 기득권들의 찬성을 받아내는 것은 거의 불가능에 가까운 상황이었지요. 하지만 그는 노예제도 폐지를 하느님께서 자신에게 주신 사명으로 깨닫고 그 사명을 수행하려고 최선을 다했습니다.

그렇게 노예제도 폐지를 위해 힘썼던 윌버포스가 무엇보다도 간절히 수행한 것이 있었습니다. 바로 기도였지요. 그는 하느님의 도움 없이는 노예제도 폐지 법안이 통과될 수 없음을 알고, 하루에 세 시간 이상을 하느님께 기도하며 보냈습니다. 윌버포스는 노예제도 폐지를 위해 온 힘을 다하였습니다. 그러면서도 그는 하느님의 도움 없이는 그 일이 불가능하다는 생각으로 항구하고 열심히 하느님의 은총을 간구했던 것입니다.

덧붙여 위의 이야기 중에 언급된 존 뉴턴John Newton 1725-1807의 이야기도 들려드립니다.

존 뉴턴은 노예무역에 종사하던 사람이었습니다. 노예선의 선장으로 노예를 사고팔던 상인이었지요. 뉴턴은 1748년 5월 10일, 아프리카에서 흑인 노예를 싣고 미국으로 항해를 하던 중에 거센 풍랑을 만났습니다. 배가 침몰의 위험에 처하자 그는 하느님께 매달리며 자신의 구원을 위해 기도하였습니다. 독실한 기독교 신자인 어머니 밑에서 자란 그였지만, 신앙에 대해 진지하게 생각하며 살았던 적이 없었기에, 마음에서 우러나는 간절한 기도를 바친 것은 그때가 처음이었지요. 그 후 배는 기적적으로 폭풍우를 벗어나 무사히 귀항했습니다. 그렇게 뉴턴은 생사의 갈림길에서 구사일생으로 살아났습니다. 뉴턴은 그날을 자신의 제2의 탄생일로 여겼습니다. 뉴턴은 마침내 그리스도인으로 개종했습니다.

뉴턴은 그 후 6년간은 노예 사업을 계속했지만 노예의 처우를 비약적으로 개선했습니다. 특히 영국의회에서 노예선의 비참한 현실을 폭로함으로써 영국에서 노예제도가 폐지되는 데 일부 공헌을 했습니다.

뉴턴은 병에 걸렸다는 이유로 노예무역을 청산하고 30세에 신학공부를 시작, 1755년 성공회의 사제로 서품을 받았습니다. 뉴턴은 자신이 받은 은총에 감사하며 그야말로 그리스도인다운 삶을 살았습니다. 그는 그러한 자각과 감사 속에서 하느님께서 원하시는 것을 자신의 소명으로 알고, 그 소명에 충실한 삶으로 자신의 남은 생을 바쳤습니다.

1779년 뉴턴은 자신의 일생을 되돌아보며 (작곡가가 미상으로 이미 있던 곡) 〈어메이징 그레이스〉Amazing Grace 놀라운 주님의 은총라는 노래를 지었습니다. 노예무역에 관계했던 자신의 과거를 깊이 뉘우치고, 그렇게 끔찍한 죄를 사하여 주신 하느님의 은총에 감사하는 마음을 담아 쓴 노래이지요. 뉴턴은 성공회 신부로서 복음선포에 전념하다 1807년 82세에 세상을 떠났습니다.

말씀드린 것처럼, 존 뉴턴이 은총을 입은 자신의 삶을 회고하며 이미 있던 곡조에 가사를 붙여 만든 복음성가가 바로 〈어메이징 그레이스〉입니다. 그 가사가 참 감동적이지요.

놀라운 은총, 그 소리 얼마나 감미로운지요!
나같이 몹쓸 놈을 구하여 낸 그 소리.
나는 한때 길을 잃었으나 이제는 찾았고,

한때는 눈이 멀었지만 이젠 볼 수 있게 되었습니다.
그 은총은 나의 마음이 두려워 할 줄 알도록 가르쳤습니다.
또한 그 은총은 나의 모든 두려움들을 걷어내었습니다.
내가 처음 믿은 그때에 내 눈에 그 은총은
얼마나 귀한 것이었는지요!

우리는 이미 수많은 위험과 역경, 그리고 유혹을 거쳐 왔습니다.
그 은총이 나를 안전하게 지금 여기까지 이끌었지요.
그리고 그 은총은 나를 천국으로 인도할 것입니다.

주님께서는 나에게 선을 약속하셨습니다.
그분의 말씀으로 나의 소망은 굳건합니다.
주님께서는 나의 삶이 다할 때까지
나의 방패이자 나의 유산이십니다.

그렇습니다.
나의 육체와 심장이 멈추어
이 유한한 삶이 끝에 다다를 그 언젠가
그 장막 속에 감추어져 있는
기쁨과 평화의 삶을 얻게 될 것입니다.

이 땅은 곧 눈처럼 녹아내릴 것이고
태양도 더 이상 그 빛을 비추지 않겠지요.
그러나 이 낮은 곳에 있던 나를 불러주신 주님께서
영원토록 나의 주님이 되어 주실 것입니다.

우리는 그곳에서 천년만년이 지나도록
저 태양처럼 밝게 빛날 것입니다.
그 후 우리가 처음 노래한 그날에도 그러하였듯,
앞으로도 주님의 찬양을 노래할 그날이
영원무궁할 것입니다.

내가 받은 은총에 감사하며 간청 기도보다 감사와 찬미 기도를 더 즐겨 바치는 님들이 되셨으면 합니다. 성모 마리아를 본받아 내 뜻보다 하느님의 뜻을 더 따르겠다는 자세로 기도합시다! 하느님의 은총을 새롭게 구하기에 앞서 그분께로부터 받은 은총에 감사를 드립시다! 모든 것을 기쁘게 받아들이고, 사랑으로 참아냅시다!

에필로그

신앙 생활에 균형을 자바가입시더!

'이미'와 '아직'의 구원과 그 희망

그리스도교 신자들은 궁극적으로는 이 세상이 아니라 저 세상에서 완성될 하느님의 나라를 희망하며 살아갑니다. 그 나라는 이미 이 세상에서 시작된 나라이기도 합니다. 정확하게는 '이미' 시작되었으나 '아직'은 완성되지 않은 나라이지요. 이렇게 '이미'와 '아직' 사이에 있는 존재가 우리 그리스도인입니다. 즉 우리는 현재 진행 중인 하느님의 나라를 살고 희망하고 있는 것이지요.

그 나라가 현재 진행 중이고, 지금 이루어지고 있다는 말은 나의 시간과 삶 하나하나 모두가 하느님의 나라와 무관하지 않다는 말입니다. 그렇다면 이래도 좋고 저래도 좋다는 식으로 세상을 살아서는 안 되겠고, 무조건 절제하면서 기도만 하고 살자는 식으로 살아서도 안 되겠습니다. 예수님께서는 분명히 말씀하셨습니다. "보라, 하느님의 나라는 너희 가운데에 있다!"(루카 17,21)

건전한 사회 생활의 중요성

『스베덴보리의 위대한 선물』이라는 책에 〈건전한 사회 생활이 천국 가는 기초〉라는 제목의 글이 있습니다. 여기서 저자는 이렇게 말합니다.

> 인간의 지상 생활에는 세 가지의 측면이 있다. 하나는 도덕적 생활이요, 하나는 시민 생활이요, 또 하나는 영적 생활이다. 천국 가는 길은 이 세 가지 생활을 균형있게 살아가는 것이다. 사회에서 선량한 시민이 되려면 도덕적 생활과 시민 생활은 필수적인 요소이다. 그 선량한 시민 생활이 종교 생활과 조화되고, 종교가 없는 사람은 자기 양심에 부끄러움이 없어야 한다.(261쪽)

우리가 사는 세상은 크게 도덕적·시민적·영적인 생활로

이루어지는데, 하느님의 나라에 들어가려면 이 세 가지 생활을 균형있게 살아야 합니다. 즉 그리스도교 신자들도 양심적으로 살고 사회 생활도 제대로 해야 한다는 말이지요.

우리 천주교 신자들도 한 나라의 국민이자 시민으로서 사회 생활을 잘해야 합니다. 어떻게 살아야 사회 생활을 잘하는 것일까요? 천국에 들기 위해, 세상을 버리고 육적 욕정을 단념하며 영적인 생활만 해야 할까요? 하느님의 나라를 위해 재산이나 명예와 같은 세속적인 것을 모두 포기하고, 수도자처럼 신이나 구원, 영생만을 생각하고 기도하며 명상의 날을 보내야만 할까요? 우스개 이야기를 하나 들려 드립니다.

어떤 수도자가 죽어 하늘나라를 지키는 성 베드로 사도 앞에 나아가게 되었는데, 성인을 만나지도 못하고 문 앞에서 쫓겨나고 말았습니다. 하느님 나라의 입국을 거부당한 그 수도자는 말했습니다. "내가 그래도 속세를 버리고 입산하여 경건하게 명상만 하는 수도 생활을 한 사람입니다. 그런 나를 어찌 이리 홀대할 수 있습니까?" 그러자 베드로 성인이 말했답니다. "너는 이웃 사랑에 전혀 관심 없이 평생을 살아왔지 않은

가? 이웃을 그렇게 기피해 살았는데, 어떻게 이웃을 사랑할 수 있었겠는가? 너는 이웃사랑의 의무를 회피하였고, 같이 살지 않는 사람들을 경멸하면서 스스로 천국에 갈 수 있다고 호언장담했다. 너는 세상을 오직 너 자신만을 위해서 산 사람이다."

사람이 천국 가는 길은 수도자와 같이 속세를 떠난 생활만일 수 없습니다. 사회 속에서 두 발로 땅을 굳건히 디디고, 다른 사람들과 깊이 어울려 사는 건전한 사회 생활도 참으로 중요한 것이지요.

충실하게 일하며 사랑하고 봉사하기

여기서 가장 중요한 것은 사회 생활에서 자기사랑과 세상사랑에 지배당하지 않도록 노력하는 것이다. 이것들은 모든 악의 근원이기 때문이다. 이것이 속세를 떠나는 것이다. 산중 수도로 들어가는 것이 속세를 떠나는 것이 아니다.

작지만 쉬운 방법으로 우선 남을 위해서 하루에 꼭 한 가지씩 좋은 일을 하기로 결심해 보는 것이다. 좋은 일이라는 것은 거창한 것이 아니다. 목마른 자에게 물 한 잔 대접하는 것도 이웃사랑이다. 그리고 또 중요한 것은 자기의 직업에 충실하는 것이다. 내 직업을 천직으로 알고 봉사하는 마음으로 책임을 다하는 것이다.(『스베덴보리의 위대한 선물』 262쪽)

무슨 말입니까? 이기심, 세상의 재물과 유혹에 대한 잘못된 집착, 이러한 욕망에서 벗어나기를 노력하고, 나의 직업에 최선을 다하며, 봉사하고 사랑하는 삶을 살아가야 한다는 것입니다.

하느님의 나라를 선포하러 오신 주 예수님께서 "주 너의 하느님을 사랑하라."는 계명과 "네 이웃을 네 몸같이 사랑하라."는 계명을 함께 주셨음을 잊지 말아야 하겠습니다. 예수님께서는 하느님의 나라를 위해서는 하느님과의 친교만이 아니라 나와 이웃과의 친교 또한 중요하다는 것을 분명히 말씀하신 것입니다. 이웃과의 친교를 소홀히 하고서 하느님과의 친교를 바랄 수는 없는 일입니다!

남을 제대로 알고 배려하는 사랑의 실천

이웃과의 친교를 위해서 사랑을 실천해야 하는 우리이지만, 내 마음대로 사랑을 실천하는 우리가 되어서는 안 되겠습니다. 오 헨리O. Henry 1862-1910가 쓴 단편 소설 『마녀의 빵』에 이러한 이야기가 있습니다.

나이 마흔에 조그마한 빵집을 운영하는 한 여인이 있었습니다. 그녀는 일주일에 두세 번 가게를 찾아와 언제나 딱딱한 식빵만 사는 한 중년 남자에게 관심을 갖게 되었습니다. 그는 가난한 화가로 보였습니다.

어느 날 그녀는 자신의 마음을 전하고 싶어서 식빵 안에 갓 배달된 버터를 듬뿍 발라 두었습니다. 그 남자의 직업은 건축설계사였습니다. 그는 큰 종이에 연필로 밑그림을 그리고 그 위에 잉크를 덧대어 그린 뒤 딱딱한 식빵으로 연필 자국을 지워나갔던 것입니다. 지난 석 달 동안 새 시청 청사를 건축하기 위한 공모전에 응모할 설계도를 그렸던 그는 이제 마지막 작업을 남겨두고 빵집을 찾았습니다. 그리고 버터가 든 빵으로 아직 잉크가 덜 마른 그림의 연필 자국을 지우려고 손을 뻗었지요.

심혈을 기울여 온 그 남자의 작품은 어떻게 되었겠습니까? 당연히 엉망이 되어버렸지요. 이렇듯 내가 누군가에게 베풀고자 하는 사랑도 그 상대방을 제대로 알고 배려할 때 비로소 가치 있는 사랑의 실천이 될 수 있습니다.

용서하는 삶

예수 그리스도께서는 사랑하라고 가르치시며, 용서를 강조하셨습니다. 주님께서 우리를 사랑하신 것처럼 사랑은 무엇보다도 용서의 마음에서 드러납니다. 그분은 자신을 싫다고 내친 사람들을 끝까지 사랑하신 것입니다. 자신을 십자가에 못 박은 이들을 위해 바치신 그분의 기도를 보십시오! "아버지, 저들을 용서해 주십시오. 저들은 자기들이 무슨 일을 하는지 모릅니다."(루카 23,34). 이러한 마음이라면 세상에 용서하지 못할 잘못이 어디 있을까요? 더구나 "저희에게 잘못한 이를 저희가 용서하오니 저희 죄를 용서하시고"라며 매일 기도하는 우리들이 말입니다.

한국천주교 평신도사도직단체협의회가 2013년 신앙의 해에 '신앙 생활 체험 수기'를 공모하여 책으로 발간하였는데, 거기에 실린 감동적인 작품을 소개합니다. 당시 재소자였던 배재식 다니엘 형제가 쓴 〈용서로 얻은 평화〉라는 제목의 입상작인데, 다음과 같은 내용입니다.

어려운 환경에서 성장한 한 청소년이 있었습니다. 그는 19세 때 궁핍한 집안 사정과 팍팍한 현실의 벽에 부딪쳐 죄를 짓고 소년 교도소에 수감되었습니다. 그런 그에게는 수감된 방에서 처음 행해지는 선임자들의 신고식이 기다리고 있었습니다. 바로 소위 '담요말이'였습니다. 그날 담요말이를 당하면서 너무나 끔찍한 경험을 한 그는, 숨이 끊어질 것 같은 고통 속에서 굳게 결심하였습니다. "출소하면 꼭 성당에 열심히 다니고, 세례를 받겠다!"

형기를 채우고 사회로 복귀한 후, 그는 출소 전의 계획대로 여기 저기서 아르바이트를 하면서 열심히 공부하였습니다. 검정고시학원에 다니며 공부에 열중한 결과, 대입 검정고시를 패스하고 대학교에 수시 합격하였습니다. 하지만 다니기로 결심한 성당에는 나가지 않았습니다.

그러다가 등록금을 낼 때가 되었습니다. 자신의 아르바이트 수입으로는' 내야 할 금액에 턱없이 모자랐습니다. 그래서 그는 1년 휴학하며 돈을 벌어 다시 공부하기로 마음을 먹었습니다. 그리하여 패밀리 레스토랑 아르바이트 6개월 만에 정규 직원으로 채용되었습니다. 그렇게 일한 지 1년이 가까워지자 레스토랑 사장이 그를 매니저로 승진시켜 주려고 했습니다.

그렇게 지내고 있던 어느 날이었습니다. 어릴 적부터 친하게 지내던 친구가 그를 찾아와 술을 나누게 되었지요. 친구가 하는 말이, 자신이 증권회사 다니는데 좋은 투자처가 있으니 돈을 좀 빌려달라고 했습니다. 그러면서 그렇게 빌려 주면 수익금의 절반을 주겠다고 했습니다. 그는 안 그래도 친구들 사이에서 그 친구가 주식투자로 재미를 봤다는 소문이 돌던 터라 그대로 믿고 큰 재산을 투자하게 되었습니다.

그렇게 돈을 건네준 며칠 후 그 친구는 행방불명이 되었습니다. 다른 친구들한테 듣기로 그 친구가 도박에 빠져 벌어둔 재산을 다 잃고 돈 빌리러 다니고 있더라는 것이었습니다. 낙담한 그는 퇴근 후 매일 술독에 빠져 살기 시작했습니다. 그가 점점 더 폐인이 되어가니 잘 봐주던 사장도 더 이상 안 되겠다며 몇 번의 경고 끝에 그를 해고했습니다.

그는 차라리 잘 되었다며 남는 시간을 이용해 더 술에 빠져 살게 되었습니다. 결국 남아 있던 돈마저 다 쓰고 집월세와 각종 공과금도 못 낼 형편이 된 그는 또 다시 범죄를 저지르고 교도소에 수감되었습니다.

그런데 큰 문제가 생겼습니다. 자신이 소년원에서 겪은 일로 생긴 트라우마 때문에 담요말이와 같은 신고식을 할 수가 없었던 것이지요. 입실 거부를 수차례 반복하고 독방에서 징벌을 받게 된 그는 결국엔 하느님을 원망하게 되었습니다. 징벌이 끝나고 교도소 측에서 독거 수용을 허락받은 그는 2년 6개월을 교도소에서 살고 다시 출소하였습니다.

이제 그의 나이 스물여덟이 되었습니다. 그는 과거의 잘못을 다시 되풀이하지 않으려 두 가지 원칙을 세웠습니다. "첫째, 술을 안 마신다. 둘째, 성당에 꼭 다닌다." 이 두 가지 원칙을 가지고 그는 무작정 상경, 명동 쪽에서 직장을 잡고 성실히 일했습니다. 그는 자신이 세운 원칙대로 술을 마시지 않았습니다. 하지만 여전히 성당에는 다니지 않았지요. 퇴근 때 명동성당 옆을 지나는데, 그때마다 "다음 번엔 꼭 가겠습니다." 라는 기도 아닌 기도만 되풀이했지요.

시간이 좀 지나 예전에 살던 곳의 경찰서 형사들이 그를 찾아 왔습니다. 그가 나쁜 친구에게 사기를 당하고 술에 빠져 살 때 저지른, 그도 기억 못하는 범죄가 미제 사건으로 하나 남아 있었던 것이지요. 지난번 투옥 전에 기억하고 자백했다면 다 지나갔을 일이었는데 말입니다! 이제 분명한 증거가 드러나 그는 어쩔 수 없이 다시 교도소로 들어가야 했습니다.

또 다시 신고식이 있었고, 그는 그 놈의 트라우마 때문에 또 입실을 거부하고 징벌 받기를 되풀이하다, 다시 전처럼 독거 수용되었습니다. 그는 독방에 갇혀 세상을, 또 하느님을 원망하기 시작했습니다. "그 친구만 아니었으면 내가 이렇게 되지는 않았을 것 아닌가! 그때 그 방에서 나에게 담요를 씌워 폭력을 가한 사람들만 아니었다면 내가 이렇게까지 되지는 않았을 것 아닌가! 다 용서 못해!"

어디서부터 잘못된 건지 알 수가 없었습니다. 그의 마음은 전쟁터가 되어 있었지요. 그때 그는 알게 되었습니다. 용서하지 못하는 심적 고통이 용서받으려는 사람의 심적 고통보다 더 크다는 것을요! 그때까지 자신이 잘못한 사람들에게 용서를 받고자 하는 마음이 문제였다면, 이제 용서하지 못하는 자신의 마음이 문제가 된 것입니다.

참을 수 없는 한계에 이르자 그는 그제야 하느님께 매달리기 시작했습니다. "하느님, 제발 살려주십시오!" 그동안 힘들 때만 하느님을 찾으려고 한 자신이기에 양심에 가책이 되었지만, 그 자신이 겪고 있던 심적 고통이 너무나 컸기에 매달릴 데라곤 오직 하느님밖에 없었지요. 그래서 하느님께 제발 살려달라고 매달렸습니다.

그렇게 하느님과 약속한 지 8년이 되어 마침내 그는 하느님을 찾았습니다. 그것도 감방 안에서 말입니다. 아직 세례를 받지 않아 성체는 모시지 못했지만 신부님의 안수가 큰 힘이 되었습니다. 매번 미사에 참석하면서 자신이 겪고 있던 심적인 고통도 조금씩 가벼워지기 시작하였습니다. 그리고 교리 수업을 열심히 받았습니다. 자신을 속인 친구와 자신에게 폭력을 가한 사람들이 생각나 분노가 치밀어 오를 때도 많았지만, 그때마다 그는 교리 선생님의 조언대로 묵주 기도를 바쳤습니다. 그렇게 하여 그는 세례를 받아 다니엘로 새로이 태어났습니다.

매일 묵주 기도를 바치며 신앙 생활을 하던 어느 날이었습니다. 그는 〈주님의 기도〉를 바치던 중 한 구절에서 갑자기 망치로 맞은 듯 큰 충격과 함께 깨달음을 얻게 되었습니다. 바로 "저희에게 잘못한 이를 저희가 용서하오니 저희 죄를 용서하시고"라는 대목이었습니다. 수백 번 넘게 바쳤던 〈주님의 기도〉를 마치 그 순간 처음 보는 듯 그는 바로 그 한 구절에 멈추어 섰습니다. "이 기도문이 왜 이제야 보이게 된 걸까? 그동안 나는 나에게 잘못한 사람들을 용서도 못하면서 내가 피해를 주었던 사람들에게 용서를 구하는 이율배반적인 행동을 해 왔구나!"

그는 자신이 한 일에 대해서만 용서를 구하다가 자신도 정말 용서할 것이 있음을, 자신도 용서해야만 한다는 깨달음을 얻게 된 것이지요. 그는 묵주 기도와 함께 눈물을 쏟으며 자신에게 잘못한 친구를 진심으로 용서하였습니다. 오랫동안 절망의 심연에 빠져 세상을 증오의 눈으로 바라보았던 그는 그 날의 기도를 통해서 "용서가 바로 평화다!"라는 주님의 응답을 받았고, 이제 그런 그의 마음에 참으로 참된 평화가 찾아왔습니다.

수인이었던 청년은 성모 마리아의 전구를 빌며 열심히 묵주 기도를 바쳤습니다. 하느님께서는 그 기도에 어떻게 응답하셨나요? 하느님께서는 〈주님의 기도〉를 통해 그에게 깨달음을 주셨습니다. "저희에게 잘못한 이를 저희가 용서하오니 저희 죄를 용서하시고……." 그는 "내가 먼저 나에게 잘못한 사람들을 용서해야 하는데, 내가 피해를 준 사람들에게서만 용서를 받으려 하고 있었구나!" 하는 깨달음을 얻은 것입니다. 자신이 먼저 용서받아야 할 죄인이라고만 생각했는데, 그에 앞서 자신이 용서해야 할 것이 있음을 깨달은 것이지요.

용서는 정말 어려운 것입니다. 어떤 부활 묵상 책에 이러한 글이 있었습니다. "세상에서 용서처럼 힘든 것은 없다. 하지만 부활은 도저히 용서할 수 없는 사람을 용서할 때 느낄 수 있다. 무엇보다 우리는 살아 계신 주님을 느낄 때 용서하지 않을 수 없을 것이다." 누군가를 도저히 용서하지 못하는 가련한 나라면, 죄 많고 하찮은 나를 위해서 자신의 목숨까지 내어 놓으신 주님의 사랑을 생각하며, 그 누군가를 함부로 판단하고 미워한 나의 잘못에 대해 용서를 청합시다. 그리고 나에게 무슨 일을 하는지도 몰랐던 그의 잘못을 나도 용서할 수 있는 마음을 구합시다.

예수님을 본받아 이렇게 기도하는 님들이시기를 바랍니다. "아버지, 저를 용서하십시오. 저는 제가 무엇을 하는지도 모릅니다. 그리고 그를 용서해 주십시오. 그는 자기가 무엇을 하는지도 모릅니다!"

서로를 완성하는 사랑

"이 모든 것 위에 사랑을 입으십시오. 사랑은 완전하게 묶어 주는 끈입니다."(콜로 3,14). 바오로 사도의 말씀처럼 사랑은 부족한 우리를 채워 주는 하느님의 힘입니다. 시인

나태주가 쓴 〈완성〉이라는 시가 있습니다.

집에 밥이 있어도 나는
아내 없으면 밥 안 먹는 사람
내가 데려다 주지 않으면 아내는
서울 딸네 집에도 못 가는 사람
우리는 이렇게 함께 살면서
반편이 인간으로 완성되고 말았다.

나태주 시인은 남편은 아내가 있어야 밥을 먹고 살고, 아내는 남편이 있어야 자식들도 방문하며 살아갈 수 있으니, 반편에 불과하던 서로는 서로의 사랑으로 비로소 인간이 될 수 있었다고 읊고 있습니다.

전 국민의 든든한 정신적 지주이셨던 故 김수환 추기경님은 다음의 멋진 시 한 편만으로 훌륭한 시인이기도 하셨습니다. 서로를 완성하는 사랑은 추기경님께서 묵상하신 것처럼 '하나뿐인 우산을 나누는 일'과 같은 것이 아닐까 싶습니다. 다음은 추기경님이 쓰신 〈우산〉이라는 제목의 시입니다.

삶이란, 우산을 펼쳤다 접었다 하는 일이요,
죽음이란, 우산을 더 이상 펼치지 않는 일이다.
성공이란, 우산을 많이 소유하는 일이요,
행복이란, 우산을 많이 빌려 주는 일이고,
불행이란, 아무도 우산을 빌려 주지 않는 일이다.
사랑이란, 한쪽 어깨가 젖는데도 하나의 우산을 둘이 함께 쓰는 것이요,
이별이란, 하나의 우산 속에서 빠져나와 각자의 우산을 펼치는 일이다.
연인이란, 비 오는 날 우산 속 얼굴이 가장 아름다운 사람이요,
부부란, 비 오는 날 정류장에서 우산을 들고 기다리는 모습이 가장 아름다운 사람이다.
비를 맞으며 혼자 걸어갈 줄 알면 인생의 멋을 아는 사람이요,
비를 맞으며 혼자 걸어가는 사람에게 우산을 내밀 줄 알면 인생의 의미를 아는 사람이다.
세상을 아름답게 만드는 건 비요,
사람을 아름답게 만드는 건 우산이다.
한 사람이 또 한 사람의 우산이 되어 줄 때,
한 사람은 또 한 사람의 마른 가슴에 단비가 된다.

평범한 우산 하나로도 우리는 충분히 사랑을 나눌 수 있습니다. 그리고 하느님께서 우리 안에 심어 두신 사랑에는 부족한 우리를 완성해 나가는 힘이 있습니다. 부족한 서로 서로를 완성해 나가는 님들이 되소서!

항상 새로운 사람이 되기 위하여

"때가 차서 하느님의 나라가 가까이 왔다. 회개하고 복음을 믿어라."(마르 1,15). 예수님께서 하느님의 나라를 선포하시면서 요구하신 회개에는 새로운 사람이 되기 위한 우리의 회심과 노력도 포함됩니다. 우리 신앙인은 항상 하느님의 뜻에 맞갖는 새로운 사람으로 거듭나기를 힘써야 합니다. 다음의 글은 진정한 그리스도인으로서의 변화는 생각에서 행동에까지 이어질 때 가능한 것임을 강조하고 있습니다.

그리스도를 구원자로 받아들였다는 점에서는 우리는 '진정한 그리스도인'이라고 할 수 있다. 그러나 진실로 성스러워지기 위해서는 아직도 가야 할 길이 멀기만 하다. 하느님은 그리스도 안에서 우리가 정의롭다고 인정하신다. 그러나 우리의 외적인 행동은 하느님의 영광에는 훨씬 미치지 못하는 것들뿐이다. "올바른 사람은 없다. 단 한 사람도 없다."라고 성서는 우리에게 말한다(로마 3,10). 우리는 우리의 머리와 가슴을 모두 변모시켜야 한다. 이는 평생이 걸리는 과제이기도 하다.(베네딕트 J. 그뢰셴 지음, 김은희 역, 『우리 곁에 있는 하느님 나라』 성바오로딸수도회, 1999, 24-25쪽)

교회는 항상 쇄신되어야 하듯이, 우리 신앙인도 늘 회심하고 새로운 사람으로 변화해야 할 과제를 안고 있습니다. 진정한 그리스도인의 과제는 무엇인지를 생각하며 살아가는 노력만큼 우리가 추구하는 균형 잡힌 신앙 생활의 실현도 더 가까워질 것입니다.

참된 신앙을 살아가기

균형 잡힌 신앙 생활을 하는 사람이란 어떤 사람일까요? 윤재윤 판사가 쓴 〈날개 없는 신앙〉이라는 제목의 글에 의하면, 참 신앙을 사는 사람의 특징은 다음과 같습니다.

- 자아에 대한 관심이 보통 사람보다 훨씬 적다.
- 자기의 안락, 이익, 명예에 대한 욕심도 적은 반면, 다른 사람의 어려움과 필요에 대해서는 훨씬 민감해 기꺼이 남을 돕는다.
- 말 대신 삶의 태도와 행동으로 자신이 누리는 기쁨과 평화를 보여 준다.
- 삶에 영원한 의미가 있다는 것을 믿기 때문에 근본적으로 평안하다.

그런가하면 껍데기뿐인 신앙을 가진 사람은 다음과 같은 특징을 보인다고 합니다.

- 말이 앞서고, 삶에서 기쁨과 평화의 향기가 나지 않는다. 근본 체질이 변화되지 않은 것이다.
- 자기 이익을 위하여 신앙 생활을 하므로 항상 자아가 중심이 되어 손해 보는 법이 없다.
- 종교를 이용하는 것이지, 진리에 몸을 바치겠다는 결단이 없다.

- 이러한 사람일수록 종교적 독선에 빠져 교리를 내세우고 타인을 비판한다. 잘못된 신앙은 무종교보다 더 해롭다.

윤 판사는 나의 신앙이 참 신앙인지 껍데기 신앙인지 알 수 있는 방법은 단순하다며, 다음 세 가지를 살펴보면 된다고 하였습니다.

- 자신에 대한 관심, 곧 욕심이 줄었는지
- 타인에 대한 관심, 곧 사랑이 늘었는지
- 사는 맛이 새로워졌는지, 곧 삶의 의미가 있는지

균형 잡힌 신앙 생활을 하는 사람은 결국 이름만 신자인 허울뿐인 신앙을 가진 사람이 아니라 참 신앙을 사는 사람이고, 자신의 욕심을 버리고 타인에 대한 관심으로 사랑을 실천하며, 새롭고 기쁘게 의미 있는 삶을 살아가는 사람이라는 것입니다.

균형을 갖춘 행복한 신앙 생활

나는 참 신앙을 살고 있습니까? 껍데기뿐인 신앙을 살고 있습니까? 나는 신앙인답게 행동하고 있습니까? 혹시 신앙이 없는 사람과 다르지 않게 행동하고 있지는 않습니까? 윤재윤 판사는 〈날개 없는 신앙〉에서 종교인의 완고한 모습을 안타까이 여기며 이렇게 쓰고 있습니다.

법정에서 만난 종교인 대부분은 신앙이 없는 사람들보다 오히려 완고한 모습을 보였고 명백한 증거 앞에서도 막무가내로 고집을 굽히지 않았다. 종교인이 관여된 소송 사건을 심리하기가 훨씬 어렵고, 화해도 잘 되지 않는 이유가 여기에 있다. 이렇게 경직되고 편협한 사람이 어떻게 다른 사람의 영혼을 인도할 수 있을까? 종교인이라는 신분이 인간성을 억압하는 굴레가 된 것이다. …… 신神이 원하는 것은 외적으로 성공한 삶이 아니라 자유롭고 새롭게 변화된 삶이다. 날아오르지 못하는 삶, 날개 없는 신앙은 참된 것이 아니다.

나는 과연 진정한 그리스도입니까? 나는 하느님의 뜻대로 거룩한 사람이 되었습니까? 어떻게 살아야 하는지를 나는 알고 있습니까? 그렇다면 나는 그 깨달음을 머리에서 가슴까지 내려 보내야 합니다. 故 김수환 추기경님께서는 "나의 사랑이 머리에서 가슴으로 내려오는 데 60년이란 세월이 걸렸다." 고 하셨는데, 평생이 걸리더라도 우리는 그 일을 해야 합니다. 머리로 깨닫고 가슴으로 살려고 노력하는 것만으로도 기뻐하며 말입니다.

교리를 믿고 따르는 신앙 생활은 그 자체로 짐스럽고 고통스러운 것이라기보다 일상 생활에 행복을 주는 생활입니다. 사랑의 주님을 믿고 복음의 가르침을 따르는 삶은 원래가 기쁘고 밝은 것입니다. 우리 삶에 어려움과 십자가가 없을 수는 없지만, 그리스도를 믿는 사람에게 그 모든 짐은 편하고 가벼울 수 있는 것이지요.

자신을 봉헌하는 신앙 생활

균형 잡힌 신앙 생활은 '하느님께 자신을 봉헌하는 신앙 생활' 로 이어져야 합니다. "그러므로 형제 여러분, 내가 하느님의 자비에 힘입어 여러분에게 권고합니다. 여러분의 몸을 하느님 마음에 드는 거룩한 산 제물로 바치십시오. 이것이 바로 여러분이 드려야 하는 합당한 예배입니다."(로마 12,1). 바오로 사도는 우리가 드려야 할 '합당한 예배' 란 자신을 하느님의 마음에 드는 제물로 바치는 일이라고 말씀하십니다.

'하느님의 마음에 드는 봉헌' 은 어떠한 삶을 말하는 것일까요? 그것은 우리에게 다가오시는 하느님께서 우리에게 주신 것, 곧 우리가 하느님으로부터 받은 것을 하느님께 되돌려 드리는 삶이라 하겠습니다. 다른 말로 그것은 하느님의 뜻대로 살아가는 삶이고, 하느님의 말씀에 순응하며 살아가는 삶이라 하겠습니다.

자신을 봉헌하는 삶은 또한 성령 안에서 새롭게 살아가는 삶이기도 합니다. 그러한 삶은 또한 하느님의 뜻대로, 하느님이 전부인 삶을 살아가는 삶이기도 합니다. 이 세상이 주는 일시적인 만족이 아니라 하느님 나라에서 누릴 참된 행복을 지금부터 바라십시오! 그리스도의 말씀에 따라 바로 이러한 삶을 기쁘고 보람되게 살아가는 님들이 되시기를 바랍니다.

평화를 구하는 기도

많은 이들에게 사랑받는, 너무나 잘 알려진 기도가 있습니다. 필자가 〈주님의 기도〉 다음으로 위대한 기도라고 생각하는 성 프란치스코의 〈평화를 구하는 기도〉입니다. 이

기도문에 제가 말씀드리는 균형 잡힌 신앙 생활을 위한 희망과 또 그러한 신앙 생활에서 나오는 모든 소망이 담겨 있지 않을까 싶습니다.

주님,
저를 당신의 도구로 써 주소서.
미움이 있는 곳에 사랑을,
다툼이 있는 곳에 용서를,
분열이 있는 곳에 일치를,
의혹이 있는 곳에 신앙을,
그릇됨이 있는 곳에 진리를,
절망이 있는 곳에 희망을,
어두움에 빛을,
슬픔이 있는 곳에 기쁨을
가져오는 자 되게 하소서.

위로받기보다는 위로하고,
이해받기보다는 이해하며,
사랑받기보다는 사랑하게 하여 주소서.

저희는 줌으로써 받고,

용서함으로써 용서받으며,

자기를 버리고 죽음으로써

영생을 얻기 때문입니다.

프란치스코 성인이 즐겨 바치신 〈평화를 구하는 기도〉를 자주 바치며, 주님 평화의 도구로 살아가고자 하는 다짐을 늘 새롭게 하면 좋겠습니다. 기쁜 신앙 생활로 하느님 나라를 이 세상에서부터 살아가는 님들 되십시오. 주님께서 마련하고 기다리고 계신 하느님 나라를 지금부터 준비하며 살아가는 모든 님들께, 그분께서 주시는 평화가 늘 함께하기를 기도합니다! 사랑합니다! 감사합니다!